KB215099

일본군과 영국군의 1941 말라야 전쟁

일본군과 영국군의
1941 말라야 전쟁

초판 1쇄 발행 2025년 4월 10일

지은이 라페 라흐마트 · 하이릴 아누아르 아킬
옮긴이 정상천
펴낸이 강수걸
편집 이혜정 강나래 오해은 이선화 이소영 유정의 한수예
디자인 권문경 조은비
펴낸곳 산지니
등록 2005년 2월 7일 제333-3370000251002005000001호
주소 부산시 해운대구 수영강변대로 140 BCC 626호
전화 051-504-7070 | 팩스 051-507-7543
홈페이지 www.sanzinibook.com
전자우편 sanzini@sanzinibook.com
블로그 sanzinibook.tistory.com

ISBN 979-11-6861-457-4 03910

* 책값은 뒤표지에 있습니다.
* 잘못된 책은 구입하신 곳에서 교환해드립니다.

동남아 말레이 반도에서 전개된 2차 세계대전, 그 격전의 현장

일본군과 영국군의
1941 말라야 전쟁

라페 라흐마트 · 하이릴 아누아르 아킬 지음 · 정상천 옮김

산지니

서문

1920년 일본 제국은 미국과 영국에 이어 세계에서 세 번째로 큰 해군을 보유하기 위해 부단한 노력을 기울이고 있었다. 이런 움직임에 앞서 일본은 최소 220년 동안 세계가 접근할 수 없도록, 보이지 않는 벽을 세우는 쇄국 정책[1]을 시행했다. 고립주의는 17세기 도쿠가와 막부, 더 정확하게는 도쿠가와 이에미쓰 시대부터 정치에 영향을 미쳤으며, 침략적인 종교 전파와 해외 무역으로부터 자국을 보호했다. 단, 나가사키에만 중국 및 네덜란드와 거래할 수 있도록 상업적 독점권을 허용하였다.

1854년 가나가와 조약[2]의 일환으로 미국 선박이 시모

---

1 에도 시대(1603~1868년) 265년 동안 다른 나라 사이의 관계와 무역을 단절한 일본 도쿠가와 막부의 외교 정책.
2 1854년 3월 31일 에도 막부(일본)와 미국이 체결한 미일화친조약. 페리 제독이 함대를 이끌고 일본에 내항하여 주도적으로 추진하였다.

다와 하코다테 항구에 입항할 수 있게 되었다. 이 조약은 막부의 쇄국정책에 막대한 타격을 가해 대외 무역 수용의 새로운 시대를 열었다. 일본은 매튜 C. 페리 제독의 도착을 포함외교(gunboat diplomacy)[3]의 전형으로 인식했기 때문에 이 조약은 일본에게는 실존적 위협이기도 했다.

한 해 전인 1853년에 막부는 확실한 깨달음을 얻었던 바, 일본은 해양 위협에 영원히 노출된 해양 국가였기 때문에 강력한 해군이 절실히 필요했던 것이다. 1855년부터 네덜란드의 지원을 받아 막부는 간코마루(観光丸)라는 이름의 최초의 증기 전함을 건조하였다. 이 전함은 나가사키 해군 훈련소 설립의 발판 역할을 했다.

1870년에 일본은 군사 정책을 변경했다. 제국 해군은 네덜란드 방식을 버리고 모든 면에서 영국 해군을 모방하기 시작했다. 아치볼드 더글러스(Archibald Douglas) 중령이 1879년까지 이 과정을 주도하도록 임명되었다. 쓰키지에 있는 제국해군사관학교 교장으로서 그는 고위 장교들 사이에서도 특히 규율과 항해에 있어 영국 왕립 해군의 전통을 구현했다.

---

3 강대국이 함대의 무력을 배경으로 전개하는 외교로 '함포외교'라고도 한다.

메이지 정부는 1882년 자산 확장(資産擴張) 법령을 발표하여 프랑스 공화국의 지원을 받아 전함 48척의 생산을 승인했다. 이 전함은 중국으로 전선을 확장한 일본의 원정 활동에 투입되었다. 그리고 여기서 일본이 중국 전함 12척 중 8척을 침몰시키는 놀라운 사건이 발생하는데, 이 사실은 영원히 역사에 남게 된다. 이때 북양 함대[4]가 보유한 두 개의 독일산 철갑함 정원(定遠)과 진원(鎭遠)은 거의 피해를 입지 않고 일본의 공격을 견뎌냈다. 그 결과 일본은 중포를 탑재한 대형 선박과 속도가 매우 빠른 소형 선박을 적절히 조합하여 해군을 재편하였다.

메이지 정부는 서구의 사상, 강점, 기술을 흡수하여 대중의 지지를 얻기 위해 진보주의적 접근 방식을 시도했다. 이러한 야심 찬 변혁을 위해서는 일본이 제국주의의 최전선에 서야 했다. 일본은 서구 열강들이 앞서서 식민지를 만드는 것을 보고 중국과 한국 점령을 범죄라고 생각하지 않았다. 정부는 대외 관계 문제에 대한 비겁한 접근 방식을 비난하면서 공격적인 제국주의를 주장하는 대중의 요구에 부응하였다. 한국과 만주에 진출하면서 일본은 러시아와 줄다리기를 하게 되었다. 그리고 1904년

---

4 청나라 말기의 근대화된 해군 함대.

에 양국 간의 들끓는 긴장 관계는 18개월 동안 지속된 전쟁으로 번졌다. 일본은 전쟁 동안 18번의 주요 전투에서 14번의 승리를 거두며 러시아를 무력화시켰다. 15년 후, 일본 제국 해군은 세계에서 세 번째로 강력한 해군으로 자리매김했다. 1921년 일본은 해군력을 더욱 강화하기 위해 예산의 32%를 투자했다. 그리고 20년 후, 지원함은 물론 항공모함 10척, 전함 10척, 순양함 38척, 구축함 112척, 잠수함 65척을 보유하게 되었다.

제1차 세계대전이 끝나고 4년 후, 일본은 미국, 영국과 협정을 체결했다. 이들 국가는 가장 큰 해군력을 보유하고 있었으며, 모두 자국의 해군력을 제한하는 데 동의했다. '워싱턴 해군 군축 조약'에 따라 일본 제국은 전체 해군에서 315,000톤을 초과하는 군함을 건조하지 않는 것에 동의했다. 이 제한은 미국과 영국에게 허용된 525,000톤보다 뒤처진 것이었다. 프랑스와 이탈리아는 각각 최대 175,000톤이 허용되었다. 이 숫자는 각국의 해군력 비율이 5:3:1.75라는 명백한 사실을 나타낸다. 안도의 숨을 내쉬면서 일본은 이 조약 뒤에 숨은 지혜를 보았다. 그들은 미국이 헌법에 따라 더 이상 군함을 만드는 것이 금지되었다는 점에서 안전하다고 느꼈다.

일본의 팽창을 위한 노력은 해군력에 달려 있었고, 해

군이 연료 등을 해외자원에 의존하고 있었기 때문에 일본은 큰 타격을 입기 시작했다. 일본 정부는 영국, 네덜란드, 프랑스의 손아귀에 좌우되는 동남아시아의 원자재를 바탕으로 겨우 경제적인 균형을 맞출 수 있었다.

일본은 다이쇼 시대(1912~1926년)에 중국과 전쟁을 벌였고, 이 기간은 제1차 세계대전 시기였다. 일본은 1914년 8월 23일 엄숙한 선언을 통해 독일군에 맞서 협상국 측에서 싸우며 대전에 돌입했다. 일본은 중국과 태평양에 있는 독일 식민지를 점령하기 시작했다. 1931년 일본은 만주족 왕조의 마지막 황제였던 푸이가 이끄는 꼭두각시 국가를 내세워 만주를 점령했다. 1937년에는 중국을 공격했다. 일본의 존재는 중국에서 계속되던 내전을 방해했고, 마오쩌둥과 국민당은 침략군을 몰아내기 위해 협력해야만 했다.

일본군의 만행과 잔인성에 대한 공식 보고가 백악관에 도달하자 일본과 미국의 외교관계에 압력이 가해지기 시작했다. 미국은 특히 난징대학살 이후 일본이 중국인을 대하는 방식을 용납할 수 없었다. 일본은 1940~1941년에 프랑스령 인도차이나를 점령하여 서방 세력들이 피를 흘리게 만들었다. 미국은 일본이 철강과 석유를 획득하지 못하도록 고통스러운 제재를 가하기 위해 동맹국들과

코타바루(Kota Bharu) 공격 (말레이시아 시간 기준)

도시	시간	날짜
코타바루	00:30	12월 8일
도쿄	01:30	12월 8일
하와이	06:30	12월 7일

진주만(Pearl Harbor) 공격 (하와이 시간 기준)

도시	시간	날짜
코타바루	01:48	12월 8일
도쿄	02:48	12월 8일
하와이	07:48	12월 7일

협의했다. 금수 조치로 인해 일본은 용서할 수 없는 굴욕을 감수하고 중국을 떠나야 할지, 아니면 서구의 오만함에 대한 확고한 저항을 계속해야 할지 선택의 기로에 서게 되었다.

그들은 후자를 선택했고 태평양에서 전쟁을 일으켰다. 진주만 기습보다 70분이나 빠른 이 새로운 국면은 코타바루에 대한 갑작스러운 공격으로 촉발되었다. 기록에 따르면 진주만이 오전 7시 48분에 공격을 받았는지 오전 7시 55분에 공격을 받았는지 확실하지 않다. 가장 먼저 추락한 것은 영국 공군 제205소대 소속 PBY 카탈리나 정찰기였다. 이 항공기는 1941년 12월 7일 나카지마 Ki-

27 전투기에 의해 격추되었고, 에드윈 베델(Edwin Bedell)과 그의 승무원들이 사망했다.

차례

서문   5

01 영국군 개요   15
02 메이지 유신과 일본 제국군의 탄생   26
03 일본군 사령관들   39
04 영국군 사령관들   51
05 제트 함대의 프린스 오브 웨일즈함과 리펄스함의 침몰   66
06 마타도르 작전   81
07 크로콜   87
08 코타바루 전투   94
09 지트라 전투   102
10 캄파르 전투   115
11 슬림강 전투   122
12 게마스, 무아르, 파릿 술롱 전투   133
13 엔다우 전투   153
14 계획상의 결함   160
15 무기 체계   196

번역 후기   228
참고문헌   231

01

영국군 개요

    1707년 잉글랜드와 스코틀랜드가 통일되면서 두 나라의 군대가 하나의 영국군으로 합쳐졌다. 바로 그 순간부터 1919년까지 제1차 세계대전이 끝날 무렵을 제외하고 군대의 모집은 지원병 제도를 근간으로 하되 유동적이었다. 징병제는 제2차 세계대전 동안 수백만 명의 삶을 괴롭혔고, '스윙잉 식스티즈(Swinging Sixties)'[1]로 영원히 기억될 시기까지 그 괴롭힘은 지속되었다. 그러한 징병은 미국 독립전쟁이 한창일 때 사면된 범죄자들 사이에서도 분명하게 나타났다. 자유에는 대가가 따른다. 범죄자들은 총과 대포가 가득한 들판에 서 있는 자신을 발견했다.

----

1 1960년대 중반에서 후반까지 영국에서 젊은이들이 주도했던 문화혁명. 새로움과 현대를 강조하였으며, 낙관주의와 쾌락주의의 시기였다.

많은 사람들이 오른손의 엄지손가락이나 집게손가락을 잘라버릴 정도로 필사적으로 전쟁터에 나가기를 꺼렸다.

제1차 세계대전 초기 영국군은 징집된 현역 예비군 247,342명을 포함해 71만 명의 병력을 자랑했다. 1916 년의 군 복무 규정은 전투 연령대의 모든 남성을 군대로 몰아넣었고, 500만 명의 미혼 남성이 군대에 배치되었다. 이후 영국에서는 남성 인구의 25%가 사라졌다.

대영제국은 1919년 '10년 규칙(Ten-Year Rule)'을 채택 했는데, 이는 자국 군대가 사전에 추정 예산을 책정한 뒤 향후 10년 동안은 아무런 지원 없이 스스로 싸워야 한다 는 점을 노골적으로 강조하면서 큰 전쟁을 회피하였다. 1930년대까지 이 지침과 다음과 같은 긴축 조치에 맞서 기 위해 영국군은 소규모 기계화 군대를 창설하는 프로 그램을 채택했다. 기계화 실험군은 개념 모델로 발전했 지만 1927년부터 1929년 사이 짧은 기간을 거친 후 폐기 되었다. 당시 아무런 위협도 받지 않은 영국군은 형식적 인 군대, 즉 제국의 영역 내에서 평화를 지키는 무장 부 대로 전락했다.

제2차 세계대전 이전에 신병들은 가장 관심이 있는 군대를 선택할 수 있는 권리를 누렸다. 그러나 이로 인 해 신병이 자신이 보유한 기술과 능력에 맞지 않는 부대에 배정되는 의도치 않은 결과가 발생했다. 영국 육군은 왕립 해군과 왕립 공군에 비해 가장 인기가 없는 선택지였다. 1941년과 1942년에 베버리지 위원회(Beveridge Committee)[2]는 보고서를 제출하여 공공서비스 봉사단(Public Service Corps)의 호응을 받았으며, 이에 따라 신병들은 6주간의 의무 훈련 전에 검사와 시험을 거쳐야 했다. 그런 다음 그들은 자신의 기술에 맞는 부대로 이동되었다.

장교들은 전쟁 초기 몇 달 동안 나치의 전격전(電擊戰, blitzkrieg) 이후 의회 의원들로부터 가혹한 비판을 받았다. 영국 육군은 직접적인 조사를 받았고, 영국군의 부끄러운 지도력은 특히 비효율적이고 낙후된 것으로 판명되었다. 프레데릭 휴버트 빈든(Frederick Hubert Vinden)[3]의 연구 결

---

2 제2차 세계대전이 진행 중이던 1941년 영국노동조합총연맹의 청원을 계기로 영국 정부가 조직한 위원회로 영국의 경제학자인 윌리엄 헨리 베버리지(William Henry Beveridge)가 중심이 되어 영국의 건강보험, 연금 등 모든 국민을 대상으로 하는 제도를 정비하는 임무를 부여받았다. 이 위원회에서 제시한 보고서가 베버리지 보고서이며, 2차 세계대전 이후 영국이 가야 할 복지국가의 토대를 만들었고, 영국 이외 많은 국가들의 복지 정책에도 영향을 미쳤다.

3 새로운 장교 선발 방식인 '전쟁성 선발위원회(War Office Selection Boards, WOSB)'의 확립에 핵심적인 역할을 한 영국 육군 준장. WOSB는 나중에 '육군 장교 선발위원회'의 모델이 되었다.

과에 따르면 사관생도들은 생도 훈련 부대를 이탈하고 있었다. 그는 이러한 실패의 원인이 오작동하는 선발 과정에서 비롯된 것이라고 판단하였다. 선발위원회는 심사 과정에서 지원자 중 적합한 후보자를 선별하지 못하였다.

영국 정부는 1941년 에든버러 실험을 잊지 않고 왕립의료단 소속 정신과 의사 에릭 윗코워(Eric Wittkower)의 신속한 연구 결과에 따라 전쟁성(戰爭省) 선발위원회(WOSB)를 설립했다. 선별된 후보자들은 심리학과 리더십에 대해 3일간의 훈련을 받아야 했다. 영국 전역에서 19명의 심리학자, 600명의 장교, 700명의 하사관이 선발위원회에 참여했다. 125,000명의 후보자 중에서 60,000명의 생도들이 합격했다. 한편 중동, 이탈리아, 북아프리카에서는 12,700명의 지원자 중에서 5,600명의 생도들이 선발되었다. 이 선발은 1942년부터 1945년 사이에 이루어졌다. 계속된 연구에 따르면 새로운 전쟁성 선발위원회는 76%의 만족스러운 성과를 기록했다.

영국군과 영국령 인도군

영국군은 말라야[4]에서 복무하기 위해 해안으로 이동

---

4 말레이 반도 부분과 싱가포르를 합쳐서 보통 말라야(Malaya)라고 부른다.

한 무장 부대였다. 영국령 인도군은 샌드허스트 왕립 육군사관학교 졸업생 중에서 최고 지휘부를 엄선하여 인도에서 창설되었다. 모든 장교는 현지 언어, 특히 힌디어를 구사해야 했다.

그리고 이 두 군대의 장교는 모두 영국 국왕으로부터 부여받은 동일한 계급 구조를 공유했다. 인도 국민은 총독 제도를 통해 이러한 구조에 도달할 수 있었다. 그들의 권위는 이론적으로는 영국군 내 광범위한 범위를 포괄했지만 실제로는 육군의 단순한 준사관 계급에 국한되었다. 서베다르(subedar)는 영국군 소령이나 대위, 제마다르(jemadar)는 중위, 그리고 중대 하빌다르(company havildar)는 중대 하사, 하빌다르(havildar)는 병장, 나이크(naik)와 랜스나이크(lance-naik)는 상병, 세포이(sepoy)는 사병(일병과 이병) 등 계급에 따라 영국군 계급과 동등한 것으로 인정되었다.

제2차 세계대전 당시 250만 명의 영국령 인도군이 홍콩, 말라야, 싱가포르, 버마 등 지중해, 중동, 아프리카 및 극동 전역(戰域)의 모든 전투에 참가했다. 인도 보병사단은 3개 여단으로 구성된 부대였으며, 1개 여단은 각각 3개의 대대로 나뉘었다. 그리고 이들 대대 중 하나는 영국군에 배속되었다.

1939년 9월 3일, 영국은 18세부터 41세까지의 남성을 징집하는 국가복무법(National Service Act)을 통과시켰다. 이들 남성은 건강검진을 받은 후 네 가지 범주로 분류되었는데, 첫 번째와 두 번째 범주는 기본적인 복무 대상자였다. 어리고 미혼인 사람부터 우선권이 주어졌다. 12월에는 약 1,128,000명의 군인이 8개 전선에서 영국군을 위해 복무했다. 6개월간의 교육을 마친 후 선발위원회는 그들을 특정 부대에 배치했다. 사관생도들은 OCTU[5]에서 17주간 교육을 이수한 후 체계적으로 편입되어 자신들의 연대에서 훈련받았다. 보병학교에서는 소대장, 중대장, 지휘관 과정의 세 가지 과정을 운영했다. 1943년에 보병학교는 부사관을 위한 프로그램을 만들었다.

대대는 무기, 항법, 전술, 박격포 취급 및 범용 운반선에 관한 훈련을 받았다. 지원 무기와 사이렌(경보기) 사용 방법도 프로그램에 포함되었다. 그리고 인도나 극동 지역에 배치되면 먼저 3개월 동안 봄베이로 항해해야 했다. 그들은 여기 있는 지역 군사 캠프에서 훈련을 받았는데, 자신들이 불필요하다는 이유로 따돌림을 당한다는 인식 때문에 엄청나게 사기가 저하되어 있었다. 그곳의 시설

---

5 Officer Cadet Training Unit(장교 생도 훈련 부대).

은 지중해 전선과는 많이 달랐다. 그들은 벵갈루루의 '휴가 캠프'에서 짧은 휴가를 즐기고 다시는 돌아오지 못했다. 영국은 마침내 1944년에 6년 동안 외국에서 복무한 군인들에게만 귀국을 허용했다. 이듬해에는 해상 운송이 크게 개선되면서 이 조항이 40개월 복무자로까지 확대되었다. 이외에도 군인들은 일부 전선에서 28일의 휴가를 받았으나 귀국은 불가능했다.

말라야 주둔 영국군

말라야는 영국군에게 지리적인 어려움을 안겨주었다. 훈련은 가혹한 태양을 피하기 위해 정오까지 계속되는 코스에 따라 진행되었으며, 정글에서 대형을 지휘하려는 지휘관은 거의 없었다. 그들은 적들이 열대 정글을 건너는 것이 불가능하다는 잘못된 가정을 하고 있었다. 그러한 가정은 빈덴(F. H. Vinden) 여단장이 바지선을 떠나 동부 해안선을 따라 숲속으로 사라지는 중국 이민자들을 발견하면서 끝났다. 영국군은 고든 하이랜더스(Gordon Highlanders) 연대와 함께 3개 대대와 조호르군을 투입하는 훈련을 조직했다. 이 훈련은 숲이 우거진 지역에 경험이 있는 병사들에게 적합했다. 그리고 고든 하이랜더스 연대는 서아프리카 정글에서 풍부한 경험을 가진 사령관이 이끌었다. 이들은 훈련에서 적의 방어선을 뚫으며 빽빽한 정글이 보병들에게 결코 믿을 만한 벽이 아니라는 것을 단번에 증명했다.

 1940년 영국은 말라야의 현지 사령부와 인도를 통해 각각 『말라야를 위한 전술 교본(Tactical Notes for Malaya)』 과 『삼림 전쟁에 관한 교본(Notes on Forest Warfare)』을 출판했다. 그러나 이러한 지침은 명목상 지침일 뿐, 모든 부분에서 사령부의 지시가 부족했다. 제2대대와 아가일 및 서덜랜드 하이랜더스(Argyll and Sutherland Highlanders) 부대를 이끌었던 이언 스튜어트(Ian Stewart) 중령은 말레이 주요 도로를 따라 방어를 해야 할 긴급 상황을 목격했다. 그는 정적(靜的)인 방어 계획은 모두 포기하고 숲을 횡단할 수 있는 이동식 군대의 지원에 의존하는 방침을 세웠다. 그는 자연 환경에 적응하면서 공격과 전투 순찰을 통해 맹렬하게 대대를 훈련하며 6개월을 보냈다. 그러나 이 훈련은 일본군이 도착하면서 끔찍한 낭비가 되었다. 스튜어트는 본인 대대의 3분의 1만을 유지했고, 나머지는 인도군을 대체하여 다른 사령부로 보냈다. 제2대대와 아가일 및 서덜랜드 하이랜더스 부대는 1943년에 『정글북(The Jungle Book)』이라는 교리를 출판하여 '정글의 야수'로 알려졌다. 이 책은 2년 전 말라야 전투에 대해 필요한 모든 지식이 들어 있는 책이었다.

유니폼

1941년에서 1942년 사이에 카키색 훈련복은 말라야의 표준 유니폼이었다. 목화 '카크(Khak)'는 '먼지'를 의미하는 우르두어에서 유래되었다. 기존 디자인은 더운 기후에 적합한 울시(Wolsey) 헬멧과 맞추기 위해 반바지와 '퍼티(Puttees)'[6] 위에 상의를 입도록 했다. 그러나 말레이 정글에서 이러한 디자인은 끔찍한 살인 행위와 마찬가지였다. 반바지는 군인들을 독이 있는 파충류와 곤충들의 쏘임에 노출시켰다. 영국인은 곧 말라리아의 표적이 되고 있음을 깨달았다. 이 심각한 문제를 해결하기 위해 제2대대와 아가일 및 서덜랜드 하이랜더스 부대는 바지와 함께 새로운 디자인을 도입했다. 군인들은 컵, 물통, 숟가락, 식량, 휴대용 난로, 모기 퇴치제, 옷, 방충망, 담요, 강철 헬멧 등을 모두 담을 수 있는 가방을 갖추고 있었는데, 무기를 제외한 무게가 18kg(39.7파운드)에 달했다.

---

6 발목에서 무릎까지 다리의 아래쪽 부분을 덮는 덮개. 레그랩(legwrap)이라고도 한다.

영국군 보병사단 편제

1944년 보병사단 각각은 할당 인원이 1939년의 14,000명에서 18,000명으로 늘어났다. 모든 사단은 아래와 같은 구성으로 편제되었다.

1. 3개 보병여단

2. 비커스[7] 3개로 구성된 중형 기관총 1개 대대

3. 4.2인치 박격포 16개를 갖춘 박격포 1개 중대

4. 1개 정찰 연대

5. 각각 25파운드 대포를 24개 갖추고 있는 3개 전동식 포병 연대

6. 48문의 대전차포로 무장한 1개 대전차 연대

7. 40mm 보포르스(Bofors) 대포를 54개 포함한 1개 방공연대

8. 공병, 위생병, 헌병 등으로 구성된 지원팀

---

7 비커스 기관총 또는 비커스 총은 원래 영국 군대를 위해 비커스 사(Vickers Limited)가 생산한 수냉식 7.7 mm 기관총이다.

일본군이 프린스 오브 웨일즈함(HMS Prince of Wales)과 리펄스함 (HMS Repulse)을 폭격한 후의 항공사진. 리펄스함은 검은 그을음의 짙은 연기 속에 휩싸여 있다.

메이지 유신과
일본 제국군의 탄생

일본은 1868년 메이지 유신으로 알려진 왕정복고 혁명의 시기를 겪기 시작했다. 이 기간 동안 메이지 천황은 봉건주의적인 도쿠가와 막부를 무너뜨리는 행정권을 가진 최고 국가 원수가 되었다. 구체제에서는 지방이 친족이나 부하를 통해 임명된 다이묘들에 의해 통치되었었다. 다이묘는 쇼군의 가문 출신으로, 자신만의 행정권을 갖고 높은 권력을 누렸다. 쇼군은 국가의 운명을 결정하는, 막부라고 알려진 중앙집권적 행정을 통해 통치했다.

막부 치하에서 수 세기 동안 일본은 군사적으로나 학문적으로나 약화된 상태였다. 일본은 모든 면에서 뒤처져 있었고, 농업 경제에 필요한 만큼의 기술 발전 수단도 거의 없었다. 1868년에 다이묘들은 일본이 가장 진실하고 가장 중요한, 행정을 대표하는 새로운 지배 세력을 갖게 되었다는 힘을 과시하기 위해 그들의 지역을 중앙 정부에 양도하라는 명령을 받았다. 2년 후, 모든 봉건 영지는 제국의 영토로 통합되었다. 메이지는 다이묘의 최후의 종말을 기념하기 위해 봉건 군대를 폐지했지만, 다이묘와 사무라이들만큼은 높이 평가했다. 이들 구세대들에게는 국채 형태로 급여가 지급되었다. 사무라이들은 그들이 원하는 곳 어디에서나 자유롭게 일할 수 있었다. 자유는 다시 엄청난 대가를 치르고 찾아왔다. 두 자루의 검(劍)을 휴대할 수 있다는 그들의 전통적 권리가 금지되었다. 일본이 계급 없는 문화를 건설하려는 사회적 실험을 시작하면서 그들의 높은 지위는 전체 인구에 맞춰 낮아졌다. 그럼에도 불구하고 반란은 없었다. 황제에 대한 사무라이의 충성심은 변함없었다. 그러나 1872년 황제가 모든 시민에게 3년 의무 징병을 부과하자 상황은 달라졌다. 사무라이는 일반 계급과 함께 싸워야 했다. 상당수의 사무라이가 반란을 일으켰고, 이는 피비린내 나는 사쓰마 반란, 즉 세이난 전쟁(西南戰爭)으로 발전했다. 반란은 1877년 1월에 시작되어 시로야마(城山) 전투에서 주모자 사이고 다카모리가 전사한 9월까지 지속되었다. 그는 영원히 '마지막 사무라이'로 남았다.

1882년 군주제 헌법을 확립하기 위해 수행된 연구에서 일본은 통치 모델로 유럽 강대국을 선택했다. 황제는 군사 및 전쟁 선언과 관련된 문제에 대해 최고권력을 지닌 주권자로 통치했으며, 그러한 문제에는 입법적 동의가 필요하다는 법적 제한이 있었다. 1889년에 새 헌법이 제정되어 선포되었다. 일본은 높은 생산성을 추구하며 산업 발전을 과감히 추진하면서 영국을 경제 모델로 선택했다. 메이지 유신은 막부의 쇄국 정책을 버리고 선박 항행 금지의 어리석음을 깨달으며 대외 무역을 활성화하기 위한 새로운 건설을 시작했다.

1912년 메이지 천황 사망 이후 유신 기간이 끝날 무렵, 일본은 역경을 극복하고 괄목할 만한 지위를 얻었다. 일본은 헌법과 의회를 바탕으로 관료적인 중앙 정부를 설립하고 교통 및 통신 시스템을 개선했다. 일본은 또한 산업을 확장하고 모든 대중을 교육하기 위해 예산을 할당했으며, 봉건주의적 향수에서 완전히 벗어나 제국 군대의 힘을 강화했다. 이러한 개혁으로 인해 일본은 1904년 러시아를 궁극적으로 모욕하는 데 우위를 점하게 되었는데, 이때 러시아는 유럽 엘리트들 중에서 가장 강력한 국가 중의 하나였다.

1912년부터 1926년까지의 기간을 다이쇼(大正) 시대라고 한다. 일본인들은 개방적인 정치를 하며 경제적 번

영과 높은 삶의 질을 누리며 살았다. 그러나 제1차 세계대전이 끝나자 일본은 다이쇼 시대의 호황이 무색해지는 경기 침체로 인해 첫 번째 시련에 직면했다. 더 강력한 정부와 함께 의회와 군대 사이의 힘의 불균형은 산업 부문을 재벌의 손아귀에 빠뜨리면서 부패와 탐욕스러운 정치의 기회를 허용했다.

1926년 히로히토가 왕위에 올랐을 때 일본은 경제 규모 9위, 해군력 3위를 보유한 세계 강국의 지위를 유지했다. 일본은 외교적 영향력을 얻었고 국제연맹에 대표를 파견할 수 있었다. 일본 제국 육군과 해군은 1900년 이후 내각 형성에 영향을 미치기 위해 정치적 결정 과정에 깊숙이 관여하였다. 1932년 이누카이 쓰요시(犬養毅) 총리의 암살은 문민 통치의 종말을 예고했다. 그 후 군부 세력은 자유롭게 방해받지 않았으며, 무엇보다도 무제한의 권력을 행사하였다. 1932년 1월 8일, 한국의 독립운동가 이봉창의 실패한 수류탄 투척에 의해 히로히토가 목숨을 잃을 뻔하였다.

통제파와 황도파

일본 제국군은 1920년대부터 1930년대 사이에 통제파(統制派, 도세이하)[1]와 황도파(皇道派, 고도하)[2]라는 두 세력이 서로 대조되는 이데올로기를 사고(思考)의 막다른 골목에 쏟아부은 결과 생겨난 정치적 산물이었다. 나가타 데츠잔 중장과 도조 히데키가 이끄는 통제파는 일본 제국군 내의 보수 온건파를 대표했다. 다른 한쪽에는 아라키 사다오 장군과 마사키 진자부로 장군의 급진적인 후원 아래 팽창주의, 전체주의를 주도한 초민족주의자, 즉 황도파가 있었다. 호쿠신(북방 확장) 교리에 대한 황도파의 지속적인 옹호는 소련에 대한 기습 공격의 길을 열었고, 이에 통제파는 매우 신중하게 군사력 확대를 선택했다.

이들 파벌은 국방에 대한 상호 이해에 도달하기 위해 우여곡절의 난관을 극복했다. 황도파는 쇼와(昭和) 유신을 통해 일본을 더욱 혁신하기 위한 공격적인 정책을 추구했다. 통제파는 전면전 발생 시 관료와 대기업 간의 체계적인 협력을 전제했다. 그러한 협력은 경제를 자극하여 모든 산업을 군사적 확대로 이끌 것이다. 쇼와 유신은

---

1 1920년대와 1930년대에 활동한 일본 제국 육군의 정치 파벌.
2 통제파와 같은 시기에 활동한 일본 제국 육군의 정치 파벌. 전체주의적, 군국주의적, 공격적인 팽창주의적 이상을 촉진하는 군사 정부를 수립하려고 노력했으며, 주로 하급 장교들의 지지를 받았다.

다이쇼 시대에 도입된 자유 민주주의를 희생시키면서 히로히토의 절대주의를 강화하려는 운동이었다.

만주사변 이후 황도파는 군사력을 장악하기 위한 노력에 많은 진전을 이루었다. 그러나 확실한 승리로 보였던 벼랑 끝에서 황도파는 곤경에 빠졌고, 결국 밑바닥으로 떨어졌다. 아라키 사다오는 건강이 악화되었고, 정치인들에 대한 황도파의 암살 음모가 밝혀진 후 은퇴하면서 그의 경력도 끝났다. 이 폭로로 인해 마사키는 군에서 세 번째로 높은 직위인 군사교육감찰관으로서의 경력에도 타격을 받게 되었다. 아라키의 뒤를 이어 통제파의 동조자인 하야시 센주로 장군이 등장했다. 통제파는 마사키도 퇴임시켰다. 위대한 장군과 함께 하야한 3,000명의 장교들은 이 굴욕적인 폭로 이후 계급장이 떼어졌다.

이에 대한 보복으로 황도파 아이자와 사부로는 나가타 데츠잔 장군을 암살했다. 그의 재판은 아라키 추종자인 야나가와 헤이스케가 직접 지휘하는 제1보병사단의 군사재판 관할이었다. 재판은 마찰을 일으켰고, 이념적 경쟁 관계였던 황도파와 통제파를 분리했다. 폭동을 진압하기 위해 제1보병사단은 만주로 이동했다. 그러나 이 결정은 황도파를 더욱 자극했고, 황도파의 엄청난 지원으로 인해 쿠데타 시도가 일어났다. 이를 알게 된 히로히토는 가와시마 요시유키 장관에게 그의 지휘에 따라 행동하고 봉기를 중단하라고 명령했다. 다음 날 히로히토는 반란이 아직 진압되지 않은 것을 보고 입장을 굳혔다. 그가 선임 개인 비서인 혼조 시게루에게 고노에 사단의 상황을 직접 통제할 것이라고 위협한 것은 많은 것을 시사해주었다. 이 반란은 1939년 2월 26일에 실패했고, 수많은 황도파 관련 장교들이 군대에서 퇴역하였다. 이것으로 통제파는 일본 제국군에 하극상(下剋上) 정신을 깊이 묻어두고 완전한 승리를 거두었다.

역사학자 후지와라 아키라는 히로히토가 중국에 대한 작전을 승인한 것을 일본과 관련된 다른 갈등과는 반대로 '전쟁'이 아닌 '사건'이라고 지적했다. 육군 부(副)대신은 중국 주둔군 참모총장에게 중국군 포로를 '전쟁 포로'로 선언하지 말라는 공식적인 지시를 내렸다. 1938년 10월, 히로히토는 중국 우한에서 유독가스 사용을 승인했고, 이에 따른 국제사회, 특히 엄격한 결의안을 통과시킨 국제연맹의 반발을 무시했다. 1940년 9월 27일 일본은 이탈리아, 독일과 정식으로 삼국 동맹 조약에 가입하기로 합의했다. 히로히토는 한 해 앞서 이 협정 가입을 놓고 동생 야스히토와 논쟁을 벌였다. 이타가키 세이시로 육군대신은 이 협정 가입에 대해 언급했다. 그리고 황제는 제2차 세계대전 초기 독일의 진격을 목격한 후 관계를 공식화하기로 결정했다.

1941년 일본은 51개 사단 170만 명의 병력을 자랑했다. 이 사단들 중 27개 사단은 중국을 점령하고 있었고, 다음 13개 사단은 소련에 맞서 몽골 국경을 감시하고 있었다. 4년 후 일본의 군사력은 500만 명으로 늘어났다.

말라야의 일본 정보부

일본 정보 요원은 치과의사, 어부, 상인, 사진작가로 말라야 곳곳에 침투해 있었다. 스파이 조직은 촘촘한 네트워크로 영국인조차 속여서 요원 중 한 명을 싱가포르 해군기지의 공식 사진작가로 고용하는 데 성공했다. 일본은 태국 송클라와 파타니에 영사관을 개설하고 공식적으로 스파이 훈련을 받은 특별 무관을 이 사무실에 배치했다. 구니타케 데룬도 소령은 도로, 교량, 하천을 조사하여 영국군 사령부의 지도를 훨씬 능가하는 정확도를 자랑하는 세부 지도를 준비했다. 그는 싱가포르에 있는 일본 영사관의 엔지니어로 비밀리에 잠입했다. 그의 정보를 바탕으로 말레이의 지리적 특징이 드러났으며, 일본은 송클라 시골 지역에서 싱가포르에 있는 영국의 심장부까지 공격 계획을 세울 수 있었다. 이 계획은 차량을 보유한 보병 부대에 적합했으며, 싱가포르가 무적이라는 영국의 대외적 거짓말을 무너뜨릴 만큼 완벽했다.

일본 정보부는 영국 공군에서 중개 업무를 수행하는 영국군 장교 패트릭 히넌(Patrick Heenan) 대위를 포섭해 초기 주도권을 잡았다. 말라야에서의 전쟁 개시 이틀 동안 히넌은 영국군 항공기와 말라야 북쪽 공군기지에 대한 영국군의 감시상의 약점을 폭로했다. 그는 알로스타 (Alor Setar) 기지에서의 자신의 직위를 이용하여 고급 비밀정보에 접근하여 일본에 무선으로 전달하였다. 히넌의 정보 덕에 일본은 블렌하임(Blenheim) 폭격기가 재급유를 위해 돌아오는 가장 중요한 시간에 알로스타 공군기지를 강타하도록 지시할 수 있었다. 폭격기 착륙 직후 일본군은 27대의 항공기를 보내 비 내리듯 폭탄을 퍼붓고 블렌하임 폭격기 9대를 파괴했다.

1940년 11월 11일, 영국 화물선 오토메돈(SS Automedon) 은 기밀문서가 가득 담긴 가방 15개를 운반했다. 오토메돈은 인도양에서 400km(248.55마일) 떨어진 독일 선박 아틀란티스(Atlantis)가 지나는 항로에서 우연히 발견되었다. 아틀란티스는 긴급 조난 신호 "RRR—Automedon— 0416N"을 보낼 시간이 충분한 오토메돈에 선제타격을 가했다. "RRR"표시는 글자 그대로 "무장 침입자의 공격을 받고 있음"이라는 의미다. 아틀란티스호 승조원들은 오토메돈호에 승선하여 배를 침몰시켰다. 언어 전문가인 베른하르트 로게(Bernhard Rogge) 대위와 울리히 모어(Ulrich Mohr)는 말라야와 싱가포르 전역에서 영국의 활동에 대한 정보가 모두 담겨 있는 이 비밀문서를 살펴보았다. 일본은 선의와 파트너십을 통해 독일로부터 이 문서를 받았고, 이 문서가 그들의 정보 보고서와 일치했기 때문에 자신감이 높아졌다.

이 문서를 분석한 후 일본은 정글 전쟁의 모든 측면을 연구하겠다는 확고한 신념으로 '대만 육군 연구부'라는 11명으로 이루어진 팀을 구성했다. 전술과 병참을 설계하고, 이후에 대만 정글에서 이러한 이론을 훈련하는 책임을 맡은 츠지 마사노부 대령에게 구체적인 지시가 내려졌다. 이 필수적인 연구는 정글 전쟁을 위한 항해, 이동, 위생 및 신호에 이르기까지 세부 사항을 모든 전투 부대에 설명하는 지침이 되었다.

일본 제25군[3]

야마시타 도모유키(山下奉文) 중장은 1941년 11월 2일
부터 하이난 섬에 주둔한 제25군을 지휘했다. 현대전에
서 그의 폭넓은 경험은 스위스 무관으로 근무했던 외교
적 경력에서 비롯되었다. 그는 1940년 대표단을 이끌고
독일에 간 적도 있으며, 도조 히데키 총리에 대한 반대
입장 때문에 국내 정치 문제에 연루되었다.

말레이에 대한 공격은 그의 직접적인 감독 아래 이루어
졌다. 그는 5개 사단을 지휘하도록 되어 있었다. 그러나
그는 신속한 공격을 위해서는 복잡한 보급망이 거추장스
럽다고 생각했기 때문에 3개 사단만을 요청했다. 여기에
참가한 사단은 다음과 같다.

1. 무타구치 렌야 소장 휘하 제18사단 병력 22,206명 및 차량 33대.

2. 마쓰이 다쿠로 소장 휘하의 제5사단 병력 15,342명 및 차량
   1,008대. 이 사단은 중국에서 우발적인 작전을 통해 상륙 작전을
   경험한 바 있다.

3. 니시무라 다쿠마 소장 휘하의 근위대 병력 12,649명 및 차량
   914대. 이 사단은 1905년 이후로 전투 경험이 없었으며 의장 행

---

3   제2차 세계대전 당시 일본 제국 육군의 군대로, 말레이 전역과 싱가포
    르 전투에 참가했다.

사에 동원되었다. 야마시타는 실제 전투 훈련을 요구했지만 니시무라 소장은 이를 무시하였다.

제3항공사단은 전투기 146대, 폭격기 174대, 정찰기 36대로 이들 사단을 지원했다. 일본 제국 해군은 이들을 지원하기 위해 전투기 36대, 폭격기 138대, 정찰기 6대를 갖춘 제22항공함대를 파견했다. 이러한 병참공급을 통해 총 564대의 항공기가 배정되었는데, 이는 야마시타가 영국군을 이기기 위해 필요한 무력의 5배에 해당했다.

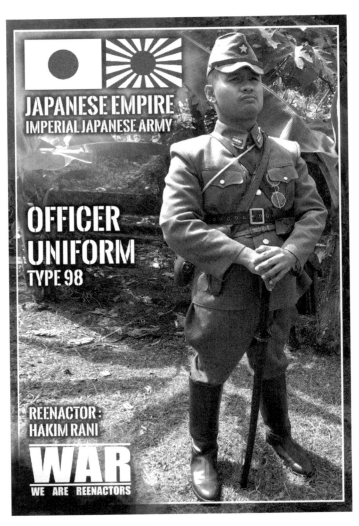

일본 제국 육군의 98형 장교복

03

일본군 사령관들

야마시타 도모유키

야마시타 도모유키 장군은 1885년 11월 8일 고치(高知)에서 태어나 1946년 2월 23일 필리핀 라구나에서 60세의 나이로 사망했다. 그의 경력은 용기의 표상이었으며, 영원한 말레이의 호랑이로 알려졌다. 그는 1905년에 920명의 사관생도와의 경쟁에서 16위를 차지하여 일본 제국 육군사관학교에 합격했다. 9년 후, 야마시타 중위는 중국 산둥에서 복무했으며 다음 해에 대위로 승진했다.

육군대학교 과정을 마치고 야마시타는 1919년부터 1922년까지 스위스 베른과 독일 베를린에서 무관으로 복무한 후 소령으로 진급했다. 그는 육군성 산하의 군무국에 배치되었고, 그다음에는 우가키 군 감축 계획에 참여하여 중요한 군사 개혁을 주도했다.

미(美) 제32사단 제128보병연대 1중대가 점령한 필리핀 루손 북쪽의 미군을 만나기 위해 걸어가고 있는 야마시타와 그의 장교들

1925년 야마시타 중령은 일본 제국 육군 참모부에 배치되었는데, 그곳에서 그의 감축 제안은 고위직들의 강력한 반대에 부딪혔다. 그는 자신에 대한 도조 히데키의 반대에도 불구하고 수많은 지지를 얻었다. 2년 후 그는 무관 업무를 수행하기 위해 오스트리아 비엔나에 배치되었으며, 이러한 경력으로 1930년 정예 제3제국 보병 연대(제국근위사단)를 지휘하게 되었다. 이후 4년이 못 되어 소장으로 진급했다.

1936년 2월 26일, 야마시타는 쿠데타 시도에 가담한 반란군 장교들에 대하여 히로히토에게 선처를 호소한 후 천황의 눈 밖에 나게 되었다. 실망은 그의 판단력을 흐리게 했고, 그것은 사임을 거절하게 만들었다.

야마시타는 조선의 여단을 지휘하기 위한 해외근무지에 배치되었다. 그리고 1937년 중장으로 복무하면서 일본과 중국의 평화와 영국, 미국과의 국교정상화를 논의했다. 그러나 그의 제안은 채택되지 않았고, 관동군에 배속되면서 그의 경력도 바닥으로 떨어졌다.

1938년부터 1940년 사이에 야마시타는 중국 자유투사들과의 전투에서 일본 제국군 제4사단을 이끌었다. 그후 1940년 12월 독일과 이탈리아에서 6개월간 비밀 임무를 수행했으며, 그곳에서 1941년 6월 16일 아돌프 히틀러와 베니토 무솔리니를 만났다. "합동참모본부가 조율하여 공군을 능률화하고 육군을 기계화하며, 군통제권을 국방부로 통합해야 한다"는 강경한 입장을 견지한 그의 의지는 여전히 확고했다. 이 제안은 또한 낙하산 부대와 조직화된 선전의 필요성에 방점을 두었다. 그러나 그의 요구는 당시 육군대신이었던 도조 히데키 장군의 완고한 반대로 무시되었다.

1941년 11월, 야마시타는 30,000명의 병력을 보유한 제25군을 지휘했다. 그의 능수능란한 전략은 일본이 예상 밖의 승리를 거두도록 밀어붙였고, 말라야와 싱가포르에서 80,000명의 강력한 영국군을 격파했다. 이러한 승리로 야마시타는 '말레이의 호랑이'라는 유명한 별칭을 얻게 되었다. 그러나 이번에도 도조와의 불화로 인해 만주국으로 전속되면서 그의 경력은 위태로워졌다. 당시 정부 수반이었던 도조는 야마시타의 실수로 보이는 것을 이유로 꼬투리를 잡았다. 싱가포르에서 연설을 하면서 야마시타는 현지인들을 '일본 제국의 국민'이라고 언급했는데, 도조는 이를 일본 제국 국민에 대한 모욕으로 여겼다. 그러나 이후 야마시타는 군사적 기반을 되찾고 이듬해 명실상부한 장군이 되었다.

도조 히데키의 몰락으로 일본에는 새로운 정권이 들어섰고, 1944년 9월 야마시타는 망명 생활에서 복귀하여 필리핀에 주둔한 262,000명의 군인으로 구성된 제14군을 지휘하게 되었다. 이와부치 산지 소장은 해군 16,000명을 이끌고 마닐라를 함락시켰다. 이와부치는 마닐라를 전쟁터로 만들지 말라는 야마시타의 명령을 무시하고 10만 명의 현지인을 살해하는 숙청을 저질렀다. 일본이 항복한 지 몇 주가 지난 1945년 9월 2일, 야마시타와 그의 군인들 50,000명은 마침내 연합군에 항복했다.

전후 마닐라의 미국 군사재판소는 1945년 10월 29일부터 39일 동안 야마시타를 논란의 여지가 있는 재판에 회부했다. 이 사건은 곧바로 전쟁범죄에서 '야마시타 기준(Yamshita Standard)'으로 알려진 '지휘책임'의 선례가 되었다. 야마시타는 지휘관으로서 부하들의 대규모 폭력 행위를 막지 못했다는 혐의에 대해 다음과 같이 변명했다.

"내 명령은 맥아더나 루이스 마운트배튼 경의 명령만큼 막중했다. 우리 병사 중 일부가 잘못된 행동을 하더라도 내가 어떻게 다 알 수 있나? 내 입장에 있는 사람이 병사 개개인의 행동은 말할 것도 없고 부하 지휘관의 모든 행동을 통제하는 것은 불가능하다. 혐의는 나에게 완전히 새로운 것이다. 만약 그런 일이 있었고 내가 그 사실을 알았더라면, 범죄자들을 엄중히 처벌했을 것이다. 하지만 전쟁에서는 누군가는 패하게 되어 있다. 내가 비난을 받고 있는 실제 이유는 전쟁에서 패했기 때문이다. 아시다시피, 맥아더 장군에게도 그런 일이 일어날 수 있었다."

전직 전범 검사인 앨런 A. 라이언(Allan A. Ryan)은 더글러스 맥아더(Douglas MacArthur)와 다른 5명의 장군, 그리고 미국 대법원이 부하들의 잘못에 대한 책임을 물어 야마시타를 즉석 처형하기로 성급하게 내린 결정을 비난했다. 야마시타가 병사들의 폭력을 승인했다는 사실을 정당화할 증거는 없었고 알려진 바도 없다. 프랭크 머피(Frank Murphy) 판사는 중요한 문제에 대해 반대 목소리를 냈는데, 이는 절차적 문제, 소문에 근거한 증거, 기소 과정에서의 비전문적 행위를 지적한 것이었다. 변호인 해리

E. 클라크 대령(Harry E. Clarke Sr.)은, 미군들은 부하들이 저지른 범죄로 인해 그러한 재판을 받은 적이 없다고 주장했다. 클라크가 보기에 지휘관은 자신의 지식, 승인 또는 명령이 아닌 행동에 대해 잘못이 없었다.

그럼에도 불구하고 법원은 야마시타에게 유죄를 선고하고 교수형에 처했다. 클라크의 항소는 맥아더 장군, 필리핀 대법원, 미국 대법원의 기각으로 끝났다. 야마시타는 1946년 2월 23일 마닐라에서 남쪽으로 48km 떨어진 라구나 로스바뇨스 수용소에서 교수형을 당했다. 교수대로 이어지는 열세 계단을 오른 뒤 최후 진술에서 그가 남긴 마지막 말은 이러했다.

"나는 내가 죽기 전에 행한 일에 대해 신 앞에 부끄럽지 않습니다. 그러나 당신이 나에게 '당신은 일본군을 지휘할 능력이 없다'고 말한다면 나는 그것에 대해 할 말이 없고, 더 이상 말하고 싶지 않습니다. 나는 모든 미국인들과 미국의 군대가 항상 관용적이고 정당한 판단을 내린다는 것을 알고 있습니다. 제가 마닐라 법원에서 조사를 받았을 때, 저를 보호해준 선량한 관리들은 항상 좋은 대우를 해주었고, 친절한 태도를 보였습니다. 나는 죽어도 그들이 나에게 해준 일을 결코 잊지 않을 것입니다. 나는 내 사형집행인을 비난하지 않겠습니다. 신의 축복이 있기를 기도할 것입니다. 마닐라 법정의 클라크(Clarke)

대령과 펠트하우스(Feldhaus) 중령, 헨드릭스(Hendrix) 중령, 가이(Guy) 소령, 샌드버그(Sandburg) 대위, 릴(Reel) 대위, 그리고 아나드(Arnard) 대령에게 감사의 말씀을 전해주십시오. 감사합니다."

니시무라 다쿠마

니시무라 다쿠마 중장은 1910년 일본 육군사관학교를 졸업하고 공과대학에서 계속 훈련을 받았다. 1920년에 그는 육군대학에서 훈련 과정을 성공적으로 마쳤다. 니시무라는 1936년부터 2년간 제9보병연대 사령관으로 임명되었으며, 이후 1년 동안 제1중포병여단 사령관을 맡았다. 그는 1939년부터 1940년까지 동부방위군 참모총장을 역임했다.

니시무라 소장은 그 후 인도차이나 원정군을 프랑스령 인도차이나로 이끌었다. 그는 1941년 중장으로 승진했다. 일본이 말라야를 침공했을 때 니시무라는 제21독립혼성여단의 지휘관이었으며 이에 따라 제국 근위사단의 지휘관이었다. 이 부대는 인도와 호주 군인 155명을 대량 학살한 것으로 알려진 무아르 전투에 참여했다. 현재 '숙칭(肅淸)대학살'로 알려진 암울한 사건인 싱가포르에서의 중국인 학살 사건 또한 빠트릴 수 없다.

니시무라가 일부러 공개적으로 모욕했던 야마시타 도

모유키와 사이가 좋지 않다는 이야기는 많이 들렸다. 그는 일본으로 소환된 후 1942년 강제로 퇴역당했다. 그러나 1년 후 전쟁이 끝날 무렵 그는 버마와 수마트라의 샨 정부 수장으로 임명되었다.

니시무라는 잔혹한 숙칭대학살 혐의로 군사재판을 받은 후 죽음을 맞이하게 되었다. 싱가포르에서 4년 동안 복역한 후 그는 남은 종신형을 계속하기 위해 일본으로 송환되었다. 본국으로 돌아오는 길에 그의 배는 홍콩에 정박했는데, 그곳에서 호주 경찰이 파릿 술롱(Parit Sulong) 대학살 및 시체 처리 혐의로 그를 구금했고, 그는 다른 재판소에서 재판에 회부되었다. 니시무라는 유죄 판결을 받고, 1951년 6월 11일 교수형에 처해졌다.

무타구치 렌야

무타구치 렌야 중장은 1888년 10월 7일에 태어났다. 그는 1910년에 일본 제국 육군사관학교에서 훈련을 마쳤고, 7년 후에는 육군대학에서 훈련을 받았다.

1926년 소령으로서 프랑스 무관으로 복무한 후 4년 뒤 중령으로 진급했다. 1933년부터 1936년까지 그는 도쿄에 있는 제국군 총참모부 총무과에서 복무했다. 같은 해에 그는 북경의 수비대를 담당했다. 1938년까지 제1보병

연대를 지휘하였으며 소
장으로 승진한 뒤 제4군
참모총장으로 승진했다.
그는 일본으로 소환되어
예비학교 사령관으로 임
명되었다.

1940년 중장으로 승진
한 후 무타구치는 말레이
공격에 배치된 제18사단
의 지휘관으로 임명되었
다. 그는 1942년 2월 싱

무타구치 렌야 중장

가포르 전투에서 부상을 입었다. 제18사단은 싱가포르가
일본에 함락된 후 필리핀으로 파견되었다.

1943년 3월, 무타구치는 제15군을 이끌고 인도 아삼
에서 공세를 개시할 계획을 세웠다. 전체 작전은 임팔
(Imphal) 전투에서 대패하면서 치명적인 실패로 끝났는
데, 그 전투에서 그는 후퇴를 금지하고 모든 사단 지휘관
을 해임했다. 군대가 초기 85,000명의 병력 중 55,000명
의 병력을 잃었다는 점을 고려한 그는 마지못해 공세를
중단했다. 부끄러운 패배로 인해 그는 1944년 12월 조기
퇴역을 강요당했다.

이듬해 무타구치는 다시 예비 사령관으로 임명되었다. 그러나 전쟁이 끝난 후 체포되어 싱가포르로 송환되었고, 전쟁범죄 재판을 받았다. 그는 1948년 3월에 석방되어 자유를 얻었고, 1966년 8월 2일 도쿄에서 사망했다.

츠지 마사노부

츠지 마사노부 대령은 작전 계획 단계에서 발휘하는 기민한 지혜로 '작전의 신'으로 여겨졌다. 그는 1901년 10월 11일 이시카와에서 태어났으며 라오스 정글에서 실종 신고된 지 7년 후인 1968년 7월 20일 사망 선고를 받았다.

다른 고위 장교들과 마찬가지로 츠지도 육군대학에 입학하기 전에 육군사관학교에서 훈련을 마쳤다. 1934년 그는 급진적인 황도파의 쿠데타 시도에 맞서 통제파를 지지했다. 그의 정치적 성향은 권력층, 즉 도조 히데키와 이타가키 세이시로의 주목을 끌었다.

츠지는 1937년부터 1939년까지 관동군에서 복무했으며, 1939년 소련을 상대로 결정적인 할힌골(Khalkhin Gol) 전투에 참여했다. 이 작전은 아무런 소득 없이 참패로 끝났고, 이 참패는 1941년 독일이 일본에 제안한 소련 공격에 츠지가 반대하도록 만들었다. 츠지는 대신 미국에 대항하는 일본의 전쟁을 지지하는 쪽으로 관심을 돌렸다. 또한 그는 총리가 미국과의 평화를 위해 소송을 제기할 경우에 대비해 고노에 후미마로 내각총리대신을 암살할 계획을 세웠다고 알려져 있다.

츠지는 야마시타 도모유키 휘하에서 근무하면서 말라야와 싱가포르의 모든 작전 기획 단계에서 활약했다. 그는 일본이 싱가포르를 점령한 후 숙칭대학살을 조직했다. 필리핀으로 보내진 후 그는 모든 미국 포로를 몰살시키고 바탄 죽음의 행진(Bataan Death March)[1]에서 살아남은 사람들을 포함해 다른 포로들에 대한 가혹한 처우를 제안했다. 그는 일본의 파푸아뉴기니 함락과 과달카날에 대한 최종 공격에 배후로 관여했다.

츠지의 명성은 과달카날 전투의 실패 이후 큰 타격을 입는다. 이후 그는 중국 난징 총사령부에 한직으로 파견되었다. 그리고 그곳에서 장제스의 요원들과 연락을 주고받았다. 1944년 중반에는 국경에서 중국군과 맞서고 있는 버마 주둔 제33군에 배속되었다. 버마에서 패배한 후 그는 태국과 난징으로 도주했고, 중국 정보부에 이중

---

1 바탄 반도에서 약 75,000명의 미군과 필리핀 전쟁 포로들을 일본 제국군이 산 페르난도를 거쳐 캠프 오도넬로 강제 이송한 사건. 이 행진은 가혹한 신체적 학대와 무자비한 살인으로 특징지어졌다.

츠지 마사노부 대령

간첩으로 복무하던 중 전쟁 포로가 되었다.

츠지는 모든 전쟁 범죄 혐의를 회피했고, 1948년 중국에서의 복무를 마지막으로 은퇴했다. 그는 일본으로 돌아와 말라야에서의 일본 작전을 포함하여 전쟁 경험을 기록한 책을 저술했다. 1952년부터 그는 세 차례 국회의원에 당선됐다.

1961년 츠지는 라오스를 방문하고 다시는 돌아오지 않았는데, 이에 대한 두 가지 소문이 나돌았다. 내전에 휩쓸려 전사했거나, 북베트남 정부의 고문으로 임명되었다는 것이다.

04

영국군 사령관들

아서 어니스트 퍼시벌

아서 어니스트 퍼시벌(Arthur Ernest Percival) 중장은 말라야 총사령관(GOC)으로서 존경을 받는 인물이었다. 그는 튀어나온 이빨 때문에 뒤에서는 흔히 '토끼'로 불리기도 했다. 이 위대한 장교는 인도 제3군단장인 루이스 히스(Lewis Heath) 중장이나 호주 제8사단장인 고든 베넷(Brigadier Gordon Bennett) 준장과 잘 지내는 데 어려움을 겪었다. 제1차 세계대전 당시 활약을 인정받아 메달을 수여받았음에도 불구하고, 이어지는 전쟁에서 그의 공헌은 예상만큼 빛나지 않았다. 그를 비방하는 사람들은 그의 용기에 대해서는 인정했지만 그에게는 군사 지도자로서 갖추어야 할 역동성이 부족했다고 평가했다.

아서 어니스트 퍼시벌은 1887년 12월 26일 영국 아스

펜덴에서 태어나 1966년 1월 31일 78세의 나이로 사망했다. 젊었을 때 그는 라틴어와 그리스어 분야에서는 평범한 성적을 거두었지만 크리켓, 테니스, 크로스컨트리 달리기에선 에이스였다. 뛰어난 신체 조건을 지녔던 그의 사무원으로서의 직업은 1차 세계대전 초기에 26세의 나이로 징집되면서 갑작스럽게 끝났다. 장교 훈련단 신병 훈련소에서 5주를 보낸 후, 그는 이듬해 11월 소위와 대위로 승진했다. 슈바벤 보루(Schwaben Redoubt)를 공격하던 중 그는 온몸에 파편으로 인한 부상을 입었다. 독일군이 그에게 부상을 입힌 덕에 그는 전선에서 벗어나 병원 신세를 지게 되었고, 그곳에서 그는 소령으로 승진하고 군십자훈장을 받았다.

독일군은 봄 공세로 마지막 몇 년 동안 전쟁을 연장했고, 퍼시벌은 군대의 최전선에 서서 프랑스 포병 부대를 구출하는 전공을 거두어 모두가 탐내는 프랑스 군사훈장인 '무공십자훈장(Croix de Guerre)' 메달을 획득했다. 퍼시벌은 또한 표창장에 언급된 대로 '지휘력 및 전술 지식'에 대한 공로훈장(DSO)을 수상했다. 참모대학 교육 추천과 함께 그는 효율적인 리더십에 대해 공부할 열망에 사로잡혔다.

그러나 퍼시벌에게 주어진 임무는 또다시 그를 일반적

인 계획에서 벗어나 새로
운 길을 걸어가게 만들었
다. 그는 1919년에 학업
을 연기하기로 결정하고,
영국군 파견단에 지원자
로 참여하여 신생 소련에
서 신흥 공산주의 세력에
맞서 싸웠다. 부사령관으
로서 그는 드비나강을 따
라 고로도크를 향해 성
공적인 공격을 이끌었고,

아서 어니스트 퍼시벌 중장

그동안 400명의 적군(赤軍) 병사를 포로로 잡았다. 1920
년 아일랜드 독립 전쟁에서 그가 이룬 공적은 아일랜드
공화국군(IRA) 지도자인 톰 헤일스(Tom Hales)와 패트릭
하트(Patrick Harte)에게 가해진 모든 만행으로 인해 불미
스러운 오명을 덮어쓰게 되었다. IRA의 계획 아래 퍼시
벌의 목숨을 노리고 몇 차례의 암살 시도(와 실패)가 이루
어지기도 했다.

　1923년에서 1924년 사이에 퍼시벌은 캠벌리(Camberley)
에 있는 참모대학(Staff College)에 다녔고 빠르게 진급해서
영전한 8명의 졸업생 중 한 명이 되었다. 나이지리아 연

대에서 4년 동안 복무하면서 그는 중령이 되었다. 그리고 1930년에 퍼시벌은 그리니치 왕립 해군대학에서 1년간의 공부를 마쳤고 나중에 참모대학의 우수한 교수진에 등록되었다. 퍼시벌은 존 딜(John Dill) 장군의 감독하에 완벽하게 기량을 연마하였다. 사령관은 그를 "능력이 뛰어나고 군사 지식이 풍부하며 판단력이 좋은 사람"이라고 평가했다.

퍼시벌은 1932년부터 1936년 대령으로 임명될 때까지 체셔(Cheshire) 연대 제2대대의 지휘자로 임명되었다. 그 후 그는 일본군의 말라야 침공과 싱가포르 침공이 군사적으로 가능한지 여부를 논의하는 현장 연구를 수행한 말라야 총사령관 윌리엄 도비(William Dobbie) 소장의 눈에 띄면서 총참모부로 배속되었다. 같은 해, 그는 준장으로서 영국 원정군(BEF)의 사령관을 맡아 1940년까지 근무했으며, 그 후 소장으로 진급하였다. 이후 퍼시벌은 현장 근무를 희망한다는 이유로 전쟁성에 전근 요청서를 제출했고, 이에 따라 제44(홍카운티)보병사단을 지휘하도록 임명되었다.

퍼시벌이 말라야에서 첫발을 내디딘 것은 1941년 4월로, 당시 그는 중장 대행을 맡고 있었고, 라이오넬 비비안 본드 중장을 대신해 해당 지역의 영국군 사령관이 되었다. 그의 결의는 대단하였으나 망설임 또한 없지 않았는데 이는 그가 전투 경험이 거의 없는 군대를 이끌어야 하는 중요한 시점에 놓였기 때문이다. 가장 절실한 시기에 퍼시벌은 수년간 적절한 군사 기반 시설이 부족하여 생겨난 시스템의 문제들을 해결해야 했으며, 극복하기 어려운 난관에 부닥쳐야 했다. 말라야와 싱가포르는 무방비 상태였다. 영국령 인도군의 증원이 임박해감에 따라 새로 창설된 모든 병력을 보충하기 위해 경험 많은 전투원들이 소환되었다. 퍼시벌은 차라리 전투력을 조화로운 체계로 재편성하고, '말라야 전술 노트'의 지도하에 훈련을 수행하기를 원했다. 공중전에서의 열세를 극복하기 위해 퍼시벌은 민간 항공기와 자원봉사 공군에 의존했다. 그의 명령에 따라 영국군은 케다(Kedah)의 지트라(Jitra)를 둘러싼 농촌 지역에 방어를 강화하기 위한 요새를 건설했다.

일본의 공격에 맞서기 위한 퍼시벌의 노력은 이 책의 뒷부분에 자세히 기술된다. 한 줄로 요약하자면, 일본은 영국을 패배시키고 지도자를 생포하였다. 퍼시벌은 체포되어 창이(Changi) 감옥에 투옥된 후 배를 타고 전 세계를 횡단하여 포모사(대만)와 만주에서 포로 생활을 했다. 그의 투옥은 그가 남은 전쟁을 놓쳤다는 것을 의미했지

만 행운은 그의 편에 섰다. 왜냐하면 그가 USS 미주리호
(BB-63)에 승선하면서 자유의 몸으로 도쿄만의 푸른 파
도를 볼 수 있었기 때문이다. 1945년 9월 2일 일본이 항
복 문서에 서명한 역사적인 순간에 퍼시벌은 더글라스
맥아더 장군의 뒤에 서 있었다. 맥아더는 그 행사에서 퍼
시벌에게 서명 펜을 건네주었는데, 이는 필리핀에서 더
욱 확장될 힘의 상징적인 몸짓이었다. 여기서 퍼시벌은
야마시타 도모유키의 항복을 지켜보았다.

1946년에 퍼시벌은 군인으로서 은퇴를 결정했다. 그는
모든 명예와 훈장을 거부하고 "경(卿, Sir)"이라고 불리는
것 또한 원하지 않았다. 그리고 3년 후 말라야 총사령관
으로서 자신의 리더십에 대한 모든 비판에 답하기 위해
『말라야에서의 전쟁(The War in Malaya)』을 집필했다.

퍼시벌과 그의 아내 마가렛 엘리자베스 맥그리거 그
리어(Margaret Elizabeth MacGregor Greer)에게는 자녀가
둘 있었다. 아들 알프레드 제임스 맥그리거(Alfred James
MacGregor)는 1992년부터 1999년까지 체셔 연대(1932
년 퍼시벌이 지휘했던 연대)를 지휘하는 고위급 대령이 되
었다.

루이스 메이클스필드 '피기' 히스

루이스 메이클스필드 '피기' 히스(Lewis Macclesfield 'Piggy' Heath) 중장은 1883년 11월 23일 인도에서 태어나 1954년 1월 10일 영국 바스(Bath)에서 68세의 나이로 사망했다. 히스는 1905년 인도군에서 첫 군사 경험을 쌓은 후 1909년부터 1913년 사이에 국왕의 아프리카 소총부대로 이적했다. 그는 영국군에 소집되어 제1차 세계대전과 제3차 영국-아프가니스탄 전쟁(1919년)에 참전하였다. 이 전쟁이 끝난 후 그는 1928년까지 페르시아에서 복무했다. 그리고 이듬해에 그는 제11시크교연대 제1대대를 지휘하는 임무를 부여받았다.

히스는 아프리카에서 영국군 작전을 진두지휘하면서, 인도 제5보병사단을 이끌고, 의미 있는 승리를 거두었다. 그리고 1941년 4월 11일, 말라야 방어를 위한 인도 제3군단의 지휘관으로 임명되었다. 그의 견해는 상관인 아서 퍼시벌 중장과 상충되었으며, 이로 인해 타격을 입었다. 그들의 돌이킬 수 없는 차이는 여러 가지 사건들로 인해 눈덩이처럼 커졌고, 뒤틀린 심사는 해결의 기미가 보이지 않았다. 퍼시벌은 히스보다 2살 어렸는데, 히스는 퍼시벌이 훨씬 더 빠른 속도로 계급 구조에서 승진을 이루었다는 사실을 감내할 수밖에 없었다. 히스는 부하들

을 압도하지 않으려는 퍼시벌의 대립적이지 않은 태도와
는 대조적으로 무신경한 태도를 취했다.

싱가포르가 함락된 후, 일본 침략군은 히스를 창이, 포
모사, 마침내 만주에 투옥했다. 그는 전쟁이 끝난 후 퇴
역했다.

데이비드 머레이-라이언

데이비드 머레이-라이언(David Murray-Lyon) 소장은
1890년 8월 14일 영국 글렌데일에서 태어나 1975년 2월
4일 84세의 나이로 사망했다. 1908년 영국 예비군 왕립
수비대 포병대 중위로 시작해 1911년 육군 장교가 되었
으며, 인도 러크나우에 본부를 두고 있는 하이랜드 보병
1대대에 배속됐다.

제1차 세계대전 중 그는 플랑드르 전투에서 보여준 용
맹함으로 군십자훈장을 받았다. 그러나 그는 또 용맹함
으로 인해 부상을 입게 되었다. 1917년 11월, 그는 리버
풀 킹스 연대의 대대를 이끌도록 임명되었으며, 파견 지
휘 중 세 번의 공로를 세웠다. 그 후 그는 중령으로 승
진하여 전쟁이 끝날 때까지 왕립 스코틀랜드 보병연대
1/15대대를 지휘했다.

1920년부터 1936년까지 머레이-라이언은 이집트, 인

도, 스코틀랜드에서 인도군 연락장교로 복무했다. 제2차 세계대전이 발발한 후 그는 인도로 돌아와 일본의 말라야 진격에 대한 영국의 대응을 지휘했다. 그가 지휘한 인도 제11보병사단은 말라야에 도착한 지 얼마 되지 않은 구르카 3개 대대와 함께 2개의 훈련된 병력, 그리고 아직 전투 경험이 없는 4개 대대가 혼합된 잡동사니 부대였는데, 절박함이 엿보이는 구성이다. 인도 제11보병사단과 구르카 3개 대대는 각각 레스터셔(Leicestershire) 연대 소속 제1대대와 이스트 서리(East Surrey) 연대의 제2대대였다.

그러한 절박함은 말라야 주둔 영국군의 준비 상태를 더욱 악화시켰다. 머레이-라이언은 장비도 없고 위험이 최고조에 달한 상황에서 일본군과 맞섰다. 그것만으로도 그의 군대는 지트라(Jitra)와 구룬(Gurun)의 전투에서 마치 뜨거운 칼을 만난 버터처럼 녹아내렸다. 부대는 어두운 심연으로 추락하여 싱가포르의 영국군 최고사령부에게 잊히고 무시당했다. 그리고 머레이-라이언은 1941년 12월 23일 마침내 퍼시벌 사령관에 의해 지휘권을 박탈당하는 대가를 치렀는데, 퍼시벌은 아치볼드 패리스(Archibald Paris) 소장을 문제 해결에 더 적합한 장교로 여겼다.

머레이-라이언은 제2차 세계대전의 마지막 총소리가
울릴 때까지 싱가포르에서 전쟁 포로로 지냈다.

헨리 고든 베넷

헨리 고든 베넷(Henry Gordon Bennett) 중장은 1887년 4
월 15일 호주 멜버른에서 태어나 1962년 8월 1일 시드니
에서 75세의 나이로 사망했다. 그는 제1차 세계대전 중
대대장으로 복무하면서 여단을 지휘하게 되었고, 이후
호주군 내 최연소 장군이 되는 길을 걸었다.

베넷은 보험 업계에서 일하다 21세에 갑작스럽게 호주
예비군에 입대하였다. 그는 4년 동안 최선을 다한 끝에
제5보병연대 부관으로 승격됐다. 그리고 제1차 세계대전
발발 당시 호주 제국군(AIF)에 입대해 제1보병사단 산하
제2(빅토리아)보병여단 제6대대 부사령관으로 임명됐다.

베넷은 1915년 4월 25일 갈리폴리 전투에서 들판에 착
륙하던 중 부상을 입었다. 그의 생존에 대해 그가 어떤
안도감을 느꼈을지 모르지만, 그의 사랑하는 형제 가드
프리(Godfrey)가 전투에서 사망한 것은 크나큰 슬픔이었
다. 2차 크리티아(Krithia) 전투는 그 어느 때보다 확실히
그를 죽음 가까이 몰아넣었다. 터키에서 유탄이 대담하
게 날아와 그의 탄약 주머니를 맞추었으나 폭발하지 않

았다. 그는 상처를 입지 않고 일어섰다. 승리를 거둔 후 그는 용맹함을 인정받아 부대 차원에서 두 번의 상훈 추천을 받았으며 중령으로 승진하는 보상을 받았다.

1916년 3월, 제1보병사단은 벨기에와 프랑스 북동부를 둘러싼 끔찍한 전선을 따라 서부 전선에서 싸우기 위해 파견되었다. 포지에르(Pozières) 전투 후 결혼 휴가를 받은 베넷은 1916년 12월 3일 현역으로 복귀해 제3보병여단 준장으로 임관해 29세의 나이로 최연소 장군이 되었다. 서부 전선에서 세운 무공으로 그는 공로훈장(Distinguished Service Order)과 총 6회의 상훈 추천(MiD, Mentioned in Dispatches)을 포함한 일련의 상을 받았다.

전쟁이 끝난 뒤 그는 귀국해 먼저 회계사로 일을 시작한 뒤, 자신의 의류 사업을 운영했다. 그러나 1921년에 그는 예비군에 다시 합류하여 소장으로 올라섰는데, 9년 후 벌어지는 또 다른 대전으로 세계가 무너지는 것을 고려했을 때 이는 올바른 결정이었다. 제2차 세계대전 중 점점 커지는 압력에 맞서기 위해 영국은 그를 호주 제2제국군 사령관으로 임명했다. 그의 임명은 논란의 여지가 없지 않았다. 브루드넬 화이트(Brudenell White) 장군은 그가 영국 최고 사령부에 합류해 현역 군대를 이끄는 데 적합하지 않다고 생각했기 때문이다. 화이트 장군은 영

헨리 고든 베넷 중장

국 전쟁 장교들을 공개적
으로 비판하는 베넷의 반
외교적 성향을 더욱 비난
했다.

화이트의 비판으로 인
해 베넷은 변방으로 고
립되었다. 그러나 운명은
화이트의 비행기 추락 이
후 베넷에게 기회를 주었
다. 베넷은 영국 본토 경
비대에 해당하는 호주 자

원 방위부대를 떠나 1941년 2월 영국군이 지휘하는 호주
제8보병사단을 지휘하게 되었다. 그의 경멸적인 태도로
인해 지휘 계통과의 관계는 더욱 악화되었다. 해롤드 테
일러(Harold Taylor) 준장은 "영국 고위 장교, 특히 말라야
를 지휘하는 장군인 A. E. 퍼시벌 중장과의 관계에는 조
화가 없었다"고 말했다.

제8사단은 무아르(Muar)와 게마스(Gemas) 전투에서 험
난한 물살을 헤엄쳐 건넜다. 후퇴가 임박해오고 있었고,
남쪽인 싱가포르를 향해 질주하는 경주가 펼쳐졌다. 그
리고 1941년 2월 15일, 연이은 패배 이후 퍼시벌 중장은

항복 조건 협상을 수락했다. 그날 밤 베넷은 신념에 따라 항복하지 않고 싱가포르를 떠나기로 결정했다. 그는 자신의 지휘권을 세실 캘러한(Cecil Callahan) 준장에게 넘겨준 다음 일부 병력과 함께 삼판을 타고 바탕하리(Batang Hari)강을 건너 싱가포르를 떠났다. 그후 그들은 차를 타고 파당(Padang)으로 향했고, 자바에서 잠시 머무른 후 1942년 3월 2일 멜버른으로 비행했다.

베넷의 이탈은 포기라는 이유로 장교들의 비난을 받았지만, 이 고위 장교들은 다음 달 그가 제3보병군단 사령관으로 임명되는 것을 막을 힘이 없었다. 그는 중장으로 임명되었고, 호주가 일본의 공격 위협으로 인해 불확실한 미래를 맞자 자신의 책임을 수행하기 위해 퍼스에 주둔했다. 그러나 1943년에 그러한 공격 위협은 줄어들었고 집권 정부는 더 이상의 조치를 취하지 않았다. 토마스 블레이미(Thomas Blamey) 장군은 베넷에게 출석을 요구해 다시는 유효한 지휘권을 부여하지 않을 것임을 통보했다.

1944년 베넷은 『왜 싱가포르는 함락됐는가?(Why Singapore Fell?)』라는 책을 발간하여 더욱 분노를 샀다. 그는 모든 비난을 군 장교, 특히 퍼시벌 사령관에게 돌렸고, 이런 비판적인 평가는 지휘자들로부터 경멸의 대상이 되었다. 1945년 왕립위원회의 관할권하에서 조사가 휘몰아쳤고, 퍼시벌에 대한 베넷의 불복종을 유죄로 판결했다. 그는 일본군을 물리칠 모멘텀을 구축하기 위한 전술 계획을 수립했다는 논리로 자신을 변호했다. 그러나 군 복무 장교들의 수많은 경험을 통해 전쟁 중에 가능한 모든 행동 방침이 취해졌기 때문에 그의 생각은 낙후되고 부적절한 것으로 일축되었다.

베넷은 전후에 시드니에서 과수원을 운영하며 일하다가 건강 문제로 인해 뉴사우스웨일즈로 이주했다. 1957년 그는 싱가포르 크란지(Kranji) 전쟁기념관 개관식에 참석했다. 3년 후, 그는 말라야에서 적수였던 일본군 장교들을 만났다. 그리고 1962년 8월 1일에 사망했다.

영국군이 싱가포르로 퇴각하는 동안 다리 철거 작업을 하고 있는 영국 공병의 모습. 쌀 보급품을 들고 다리를 건너는 중국인들이 보인다. 퍼시벌 휘하의 연합군은 일본 제국 군대와 70일간의 전투 끝에 1942년 2월 15일 싱가포르의 야마시타에게 항복했다.

제트 함대의
프린스 오브 웨일즈함과
리펄스함의 침몰

1919년부터 28년 동안 영국 정부는 아시아의 영국 식민지에 대한 일본의 위협에 대응하기 위해 호주 보호령을 포함해 「싱가포르 전략」이라는 국방 정책을 채택했다. 이 정책의 기본은 영국 해군이 극동의 모든 위기에 대응할 수 있는 억제 기지로서 싱가포르를 강화하는 것이었다. 이 전략은 1940년 여름 프랑스의 패배 이후 쓸모없게 되었고, 영국은 점점 커지는 이탈리아의 위협에 대응하기 위해 해군을 과도하게 확장했다. 이 같은 상황 전환으로 인해 영국은 「싱가포르 전략」을 강화하기 위해 전함을 투입하지 못하게 되었다.

1941년 8월 일본이 프랑스령 인도차이나를 점령한 후 해군성은 로얄 소브린(Royal Sovereign) 함대의 싱가포르 이전을 고려했지만 실행하지 못했다. 로얄 소브린 전함 중에는 1941년 11월 25일 U보트 공격을 받은 후 지중해 바닥으로 가라앉은 퀸 엘리자베스급 바럼(Barham)함[1]이 있었다. 로얄 소브린 전함 전체는 여전히 유지 보수 및 수리 중이었다. 윈스턴 처칠(Winston Churchill)은 일본이 공격적인 방식을 고려할 경우 이 군함이 심리적 억제력을 발휘할 것이라고 생각했다. 그는 노르웨이에 독일의 현대식 티르피츠(Tirpitz) 전함이 존재하는 것에 대해 영국 해군이 어떻게 반응했는지를 비추어 본 것이다. 독일의 크릭스마리너(Kriegsmarine)와 이탈리아의 레지아 마리나(Regia Marina)는 유럽 해군에 위협을 가했다. 이러한 결정적인 사실에도 불구하고 처칠은 여전히 낙관적이었고, 이를 바탕으로 두 척의 주력함과 한 척의 항공모함을 극동 지역으로 이동시킬 것을 제안했다. 처칠은 미국과 일본 사이에 전쟁이 발발할 경우 미국이 태평양 함대(USPACFLT)를 싱가포르에 파견할 것이라는 지정학적 가정하에 전략을 세웠다.

1941년 10월 25일, 킹 조지 5세(King George V)급 전함 프린스 오브 웨일즈(HMS[2] Prince of Wales)가 스코틀랜드

---

1 1910년대 초 영국 해군을 위해 건조된 5척의 퀸 엘리자베스(Queen Elizabeth)급 전함 중 하나이다.

2 His/Her Majesty's Ship/Submarine, '국왕/여왕 폐하의 선박/잠수함'이라는 뜻.

스캐퍼 플로(Scapa Flow)에 있는 본국 함대 주 기지를 출발하여 극동 지역으로 향했다. 항해에는 항공모함 인도미터블(Indomitable)이 포함될 예정이었지만 자메이카 근처의 산호초에 좌초되어 합류하지 못했다. 그 대신 느린 속도 때문에 적합하지 않았지만 더 작은 헤르메스(Hermes)함이 합류했다. 프린스 오브 웨일즈함은 1941년 11월 28일 콜롬보에 무사히 도착했으며, 그곳에서 이미 인도양을 항해한 리펄스(Repulse)함과 짝을 이루었다. 11월 29일, 이 두 함선은 일렉트라(Electra)함, 익스프레스(Express)함 및 쥬피터(Jupiter)함과 합류하는 전투단을 구성했다. 이 전투단의 지휘자는 톰 필립스(Tom Phillips) 중장이었다. 12월 1일, 톰 경은 영국 동부함대 총사령관으로 승진했다. 그의 함선은 1941년 12월 2일 싱가포르에 도착하여 제트 함대(Force Z)[3]라는 이름으로 다시 명명되었다. 다음 날 리펄스함은 뱀파이어(Vampire)함 및 테네도스(Tenedos)함과 함께 호주를 향해 넓은 바다로 모험을 떠났지만 동남아시아 해역에서 일본의 광범위한 해상 움직임 보고를 받은 후 싱가포르 기지로 돌아가라는 명령

---

3 제2차 세계대전 당시 전함 프린스 오브 웨일즈, 순양전함 리펄스 및 동반 구축함으로 구성된 영국 해군 함대를 말한다.

을 받았다.

1941년 12월 8일 새벽, 사이공에 기반을 둔 쌍발 엔진 미쓰비시 G4M 전투기가 일본의 폭격을 실행했을 때, 미호로 항공단(Mihoro Air Group)의 엔진 드론이 싱가포르 상공을 구름처럼 덮었다. 프린스 오브 웨일즈와 리펄스는 동시에 말라야 침공을 시작한 일본군에 대해 방어를 강화했다. 동시에 일본은 미국 태평양 함대를 공격하여 효과적으로 승기를 잡았다. 사태가 진정되자 영국군은 악명 높은 진주만 공격에 관한 끔찍한 보고를 받았다. 이로 인해 전쟁이 발발할 경우 싱가포르에 태평양 함대를 배치하려는 모든 계획은 물거품이 되는 것이었다.

필립스는 더글러스 맥아더 장군이나 토머스 C. 하트 미국 제독과의 서신에서 일본의 공격을 견디기에 두 척의 배는 부족하다고 지적했다. 제독은 심사숙고했고 남중국해에서 일본 호송대를 파괴하는 공격적인 대응을 이끌어 내었다. 그의 결정은 여러 요소를 고려한 끝에 내려졌는데, 그중 하나는 적이 성공적인 상륙을 위해 침투했을 때 영국 해군의 무력함으로 인해 국제적인 굴욕을 당했던 과거의 경험이었다. 필립스는 일본의 감항능력(堪航能力,

Airworthiness)[4]을 과소평가했고, 지금까지 어떤 군함도 공중 공격만으로 무너진 적이 없었기에 자신의 함대가 안전하다고 오판했다. 대공포와 사격을 통제하는 고각통제시스템(HACS)에 대한 그의 신뢰는 잘못된 것으로 판명되었다. 고각통제시스템은 프린스 오브 웨일즈함에서는 낯선 것이 아니었으며, 지중해에서 핼버드(Halberd) 작전을 수행하는 동안 완전한 능력을 발휘했다. 그러나 동남아시아의 열대 기후는 다른 이야기였다. 왜냐하면 고각통제시스템 레이더가 심각하게 오작동해 영국 대공함정에 대한 연습 사격에서 방어 시스템이 2파운드 대공포탄을 비켜 발사된 것이다. 싱가포르에 본사를 둔 영국 공군 기술자들이 이를 수리하는 데 일주일이 걸렸는데, 이는 제트 함대의 일정을 고려했을 때 허용할 수 없는 기간이었다. 이것만으로도 프린스 오브 웨일즈함은 대공 방어에 실패했다.

1710년 12월 8일, 프린스 오브 웨일즈함 및 리펄스함, 그리고 일렉트라, 익스프레스, 테네도스 및 뱀파이어함

---

4 감항성(堪航性)이라고도 한다. 항공기 또는 항공기 장비품이 항공에 적합한 안전성의 기준을 충족시킨 상태에 있는지의 여부를 의미하는 용어다. 성능, 비행성, 진동, 지상(수상) 특성, 강도, 구조 등이 고려 요소로, 이것들을 통해 감항능력을 판단한다.

으로 구성된 제트 함대는 항해를 시작했으며, 이틀 내로 타이만 주변에 도착할 것으로 예상되었다. 더 일찍 출발했다면 필립스는 일본 상륙 호송대를 요격할 수 있는 유리한 위치를 차지하게 되었을 것이고, 따라서 아직 사이공에 자리 잡지 못한 일본 전투기들의 맹공을 직면하지 않고 가능한 침공 또한 막을 수 있었을 것이다. 12월 10일 이후, 심지어 당일에도 요격은 소용이 없었다. 원정군이 모든 화물을 내리고 필립스가 빈 호송선을 공격하게 되었기 때문이다.

1941년 12월 9일 아침, 제트 함대는 정찰기 두 대에 의해 발견되었다. 그러나 조종사들은 일본 사령부에 아무런 보고도 하지 않았다. 오후 2시에 일본 I-65 잠수함은 감지되지 않는 14노트의 속도로 북서쪽으로 이동하는 제트 함대를 정확히 찾아 미행했다. I-65는 2시간의 통신 지연 후 보고서에 필요한 모든 정보를 담아 일본 사령부로 발송했다. 그 중요한 시기에 일본군은 싱가포르 폭격을 위한 제22항공함대의 미쓰비시 G4M과 G3M 전투기를 준비하고 있었다. 보고에 따라 일본군은 즉시 대함 어뢰로 무장을 전환하여 오후 6시까지 출격했다. 이때 전투순양함 콘고(Kongo)와 하루나(Haruna), 중순양함 아타고(Atago), 다카오(Takao), 쿠마노(Kumano), 모가미

(Mogami), 수즈야(Suzuya), 미쿠마(Mikuma), 초카이(Chokai) 경순양함 센다이(Sendai), 구축함 4척으로 이루어진 제 2함대는 제트 함대가 감지된 위치로 보내졌다. 오후 5시 30분, 중순양함 쿠마노와 경순양함 유라(Yura), 키누(Kinu)는 원래 임무에서 방향을 선회해 세 대의 정찰기 아이치(Aichi) E13와 함께 제트 함대를 요격하려 했다.

한 시간 후, 재급유가 필요한 테네도스함이 싱가포르로 돌아왔다. 필립스는 송클라 공격 계획을 중단했지만 일본 정찰병들의 주의를 분산시키기 위해 진격을 계속했다. 해 질 녘이 되자 그는 싱가포르로 돌아가라고 명령했고 그동안 일본군은 공격을 위해 집결했지만 악천후로 인해 마지막 순간에 계획을 중단했다. 정찰기는 초카이를 프린스 오브 웨일즈로 착각하고 조명탄을 배치했는데, 제트 함대는 5마일 떨어진 곳에서 이를 발견했지만 양측 모두 레이더가 있음에도 불구하고 정확한 위치를 찾아내지 못했다. 저녁 8시 55분에 필립스는 제트 함대가 모든 기습 공격 기회를 잃어버려 추가 군사 작전을 포기하기로 결정했다.

00시 50분에 필립스는 싱가포르에 있는 아서 팰리저(Arthur Palliser) 부사령관을 통해 일본이 콴탄(Kuantan)에 성공적으로 상륙했다는 사실을 알게 되었다. 팰리저는 거의 알지 못했지만, 필립스는 호주 왕립 공군 453비행대의 항공 활동에서 완전히 벗어나 콴탄으로 향하는 경로를 계획했다. 필립스는 정탐을 위해 익스프레스함을 보냈다. 프린스 오브 웨일즈함의 수륙양용 복엽기 슈퍼마린 월러스(Supermarine Walrus, 함대 정찰기)는 이상한 징후를 찾지 못했다.

1941년 12월 10일 새벽 3시 40분, 일본 잠수함 I-58은 제트 함대의 냄새를 맡고 어뢰 5발을 발사하였다. 제트 함대는 이 기습 공격에 대해 전혀 알지 못했기 때문에 I-58이 본부에 공식 보고서를 제출할 수 있는 시간적 여유를 제공했다. 오전 6시 정각에 겐잔(Genzan), 칸요아(Kanyoa) 및 미호로 항공단은 제트 함대를 찾기 위해 나섰다. 콴탄으로 방향을 전환하기로 한 필립스의 결정은 임박한 위험을 잠시 지연시켰는데, 제트 함대가 항공단의 남쪽 비행 경로를 벗어나 있었기 때문이다. 그러나 일본군은 오전 10시에 테네도스(Tenedos)함을 발견했고, 그것이 프린스 오브 웨일즈라는 생각에 즉시 공격을 퍼부었다. 각각 500kg의 폭탄을 탑재한 9대의 G3M 항공기는 테네도스에 타격을 가하지 못했다. 15분 후, 제트 함대는 마침내 노출되었고 일본 폭격기가 소그룹으로 몰려왔다. 첫 번째 그룹은 오전 11시 13분에 미호로 항공단의 G3M

8대를 리펄스(Repulse) 공격에 투입하였다. 250kg의 폭탄이 목표물을 찾았고, 단 한 번의 공격으로 약간의 피해를 입혔다. 5대의 비행기가 대공포에 맞았으며, 2대가 전투 불능이 되어 기지로 돌아갔다.

오전 11시 40분에 제트 함대는 어뢰로 무장한 겐잔 항공단(Genzan Air Group)을 공격했다. 9대의 G3M이 리펄스를 공격했고, 나머지 8대는 프린스 오브 웨일즈를 공격했다. 17대의 전투기 모두 열정으로 무장했지만 단 한 대만이 표적을 찾았을 정도로 정확도는 떨어졌다. 특정 어뢰는 가장 왼쪽 프로펠러 샤프트를 찌그러뜨리고 방수층을 뚫었고, 2,400톤의 바닷물이 내부로 밀려들어 와 군함을 16노트로 질질 끌려가듯이 만들었다. 프로펠러가 정지하고 재시동하자 물이 넘쳐 B엔진, Y포탑, Y보일러실 등 선박 내부 부품이 침수됐다. 공격은 프린스 오브 웨일즈를 11.5도 기울게 했고, 모든 5.25인치 주포(砲)는 저공 비행하는 전투기로부터 우현 방향으로 기울어졌다. 발전기실의 홍수로 인해 프린스 오브 웨일즈의 5.25인치 포탑은 사격을 할 수 없게 되었다. 군함에는 통신을 유지하거나 대공포를 작동할 전력이 없었으며, 동시에 기계적 결함으로 모든 펌프가 고장 났다.

그다음 한 시간 동안 필립스는 결정을 내리지 못하면

서 싱가포르에 군사 지원을 요청하지 않았다. 오전 11시 58분, 리펄스의 함장 윌리엄 테넌트(William G. Tennant)는 다음과 같은 메시지를 전송했다.

리펄스함에서 모든 영국군에 알림. 좌표 134NYTW22X09에 적 항공기가 우리 위치를 폭격 중.

프린스 오브 웨일즈는 오후 12시 20분에 다음과 같이 선언했다.

비상사태. 좌현 쪽이 어뢰에 맞음. 좌표 NYTW022R06. 리펄스함도 어뢰 1발 맞았음. 구축함을 보내기 바람.

카노야 항공단은 26대의 G4M으로 전투에 돌입했고, 오랜 시간 동안 제트 함대를 추적한 끝에 도착했으나 연료가 부족하여 대형을 깨고 교전했다. 프린스 오브 웨일즈는 초기 공격 이후 허탈한 상태로 넓은 바다를 가로질러 달팽이처럼 항행하고 있었다. 우현에서 다가오는 치명타를 피해 살아남을 수 있는 상태가 아니었다. 세 개의 어뢰가 프린스 오브 웨일즈를 명중했는데, 그중 하나는 프로펠러를 향한 것이었고 이는 가장 큰 손상을 입혔을 것이다. 이제 마지막 프로펠러 블레이드까지 손상을 입게 되자 프린스 오브 웨일즈는 기동성 측면에서 거의 불구가 되었다.

그 대혼란 속에서 20대의 항공기가 리펄스를 향해 뛰어들었다. 테넌트 함장은 27.5노트의 속도를 두 배로 늘릴 필요가 있음을 알았고, 대공포로 어뢰의 포위 공격을 뚫으면서 일본 전선에서 벗어나려고 했다. 그의 저항으로 인해 일본 항공기 8대가 찌그러졌고 2대가 바다로 추락했다. 그러나 이러한 의미 있는 성공의 기쁨은 리펄스가 어뢰 공격을 받자 순식간에 끝났다. 선체가 제1차 세계대전 시기의 얇은 돌출부를 갖고 있었기에, 굉장히 치명적이라는 특이점이 있었다. 지나간 시절의 군함이었던 리펄스는 내부 갑판 배치에서도 완벽하지 못했다.

이 때문에 선원들은 쏟아지는 물을 막을 수단이 없었다. 리펄스는 물속의 무덤에 더 가까워졌고, 테넌트 함장은 함선에 머물기로 결심했다. 장교들이 아니었다면 그는 오후 12시 33분 배의 침몰과 함께 바다 밑바닥에 가라앉게 될 운명이었다. 리펄스호의 침몰로 인해 프린스 오브 웨일즈는 홀로 두 개의 5.25인치 포탑을 사용하여 고고도 폭격기에 맞서 치열한 전투를 벌이게 되었다. 선원들은 폭탄이 터져 배가 위험할 정도로 좌현으로 기울

때까지 가능한 한 오랫동안 버텼다. 프린스 오브 웨일즈함은 마침내 전복되어 익스프레스함과 거의 충돌할 뻔했다. 이 배는 오후 1시 18분에 침몰했다. 테넌트와 달리, 배와 함께 침몰하기로 결정한 존 리치 선장과 필립스 제독을 구한 장교는 없었다.

제트 함대는 일본군의 맹렬한 공격으로 인해 무너졌다. 지원 책임을 맡은 영국 공군 453편대로부터 아무런 정보도 듣지 못했고 공중 엄호도 받지 못했다. 전투가 한창이던 오전 11시 58분, 영국 공군 453편대는 리펄스의 조난 신호에 따라 셈바왕(Sembawang) 공군기지에서 출격했으나 때는 이미 늦었다. 버팔로 전투기들은 오후 1시 18분에 도착했으나 프린스 오브 웨일즈함의 침몰을 목격할 뿐이었다. 더욱 모욕적인 사실은 일본 정찰기가 영군 공군의 탐지를 피하였다는 것이다.

그날 840명의 선원이 사망했으며, 그중 대부분은 리펄스함에 있던 513명이었다. 테넌트 함장은 뱀파이어함에 의해 구출되었다. 싱가포르로 돌아오는 길에 익스프레스함은 북쪽으로 향하는 구축함 스트롱홀드(Stronghold), 미국 함선 휘플(Whipple)호, 존 에드워드(John D. Edwards)호, 에드솔(Edsall)호 및 알덴(Alden)호와 조우하였다. 익스프레스함은 전투 결과에 대한 뼈아픈 소식을 전했지만 이들 군함들은 혹시 남아 있을 생존자를 구출하기 위한 모험을 선택하였다.

일본군은 4대의 항공기를 잃었으며 마지막 항공기는 착륙 중에 손실되었다. 일본군의 완전한 승리였고, 일본군은 단 18명의 병력 손실만을 입었을 뿐이었다. 다음 날, 이키 하루키 중위(카노야 항공단)가 전투 현장 상공으로 날아가 양측 모두의 전사자를 추모하는 화환 두 개를 떨어뜨렸다. 런던으로 돌아온 윈스턴 처칠은 잠에서 깨어나 이 비극을 알게 되었다. 그는 인도태평양에서 연합군의 함선이 한 척도 남지 않았다는 소식을 듣고 이렇게 충격을 받은 적은 없었다고 말한 것으로 전해진다. 남은 것은 진주만 공격에서 살아남은 함대뿐이었으며, 이들은 이미 미국 본토로 돌아가던 중이었다. 제트 함대에 닥친 일은 전쟁에 대한 연합군 군인과 민간인의 사기를 크게 꺾었다. 그들은 영군 군함을 아시아를 지배하는 영국 권력의 상징으로 여겨왔기 때문이다.

프린스 오브 웨일즈함과 리펄스함은 공해상에서 작전 중 항공기에 의해 침몰한 최초의 주력함이 되었다. 프린스 오브 웨일즈함은 그러한 굴욕을 겪은 최초의 현대식 전함이었다. 그리고 영국 공군은 공중 엄호 지원에 실패했다는 이유로 엄중한 조사를 받았다. 쓸쓸하게도 영국 공군은 453편대가 그러한 임무를 수행할 수 있음에도 불구하고 해군에 보증을 한 적이 없었다. 비행대 지휘관 팀 비거스(Tim Vigors) 중위는 주간에 제트 함대 위에 6대의 항공기를 배치하는 계획을 세웠다. 그러나 이 계획은 필립스 제독에 의해 무시되었다. 제독은 적군 정찰기가 제트 함대를 미행하고 있다는 사실을 알고도 도움을 구하지 않았기에 이는 유감스러운 결정이었다. 필립스 제독은 공중 엄호 없이 항해했다는 비난을 받았다. 그는 몬순 기후에 의지하였는데, 낮은 구름과 예측할 수 없는 날씨가 제트 함대에 그 어떤 전술적 이익도 제공하지 못하였기에, 이는 쓸데없는 실수일 뿐이었다.

1941년 12월 10일 말레이 해안 너머에서 어뢰로 무력화된 프린스 오브 웨일즈함(왼쪽 위)과 리펄스함(왼쪽 아래). 영국 구축함 익스프레스함도 보인다.

06

마타도르 작전

일본군이 코타바루에 상륙하기 4년 전, 1935년부터 1939년까지 말라야에서 복무하던 윌리엄 도비(William Dobbie) 소장은 말레이 방어에 관한 보고서에서 자신의 연구 결과를 결론지었다. 그는 몬순기(10월부터 3월까지) 동안 동부 해안이 가장 취약하다는 추정을 제시했으며, 적군이 침공을 위해 교두보를 구축할 수 있는 전략적 위치로 송클라(Songkhla), 파타니(Pattani), 코타바루(Kota Bharu)를 지목했다.

런던은 말라야를 보호해야 할 긴급한 필요성에 대해 확신을 갖지 못했고, 도비의 제안은 무시되었다. 1940년 11월, 영국군은 일본 제국주의 세력에게 안타까운 먹잇감이 되었다. 17개 대대가 말레이 반도에 수비대를 주둔시켰는데, 88대의 전투기뿐이었던 공군은 전력이 취약했으며 그중 신형 항공기는 48대뿐이었다. 싱가포르에서 열린 회의에서 극동 사령부는 요새를 유지하기 위해 582대의 항공기가 필요하다고 발표했다.

1941년 5월 A. E. 퍼시벌 중장이 말라야 사령관으로 취임했을 때 영국군은 85,000명의 연합군을 소집했다. 5개월 후, 로버트 브룩-포팜(Robert Brooke-Popham) 공군 원수는 영국 극동 사령부의 총사령관으로 임명되어 말라야, 버마, 홍콩, 실론의 지상군과 공군의 작전 및 훈련과 벵골만의 정찰중대를 담당했다. 이 지역에서 조정 역할을 수행하기 위해 브룩-포팜 원수는 일본군이 송클라와 파타니에 상륙해 크로(Kroh)와 지트라(Jitra)로 향하는 것을 차단하기 위한 마타도르 작전(Operation Matador)을 계획했다.

영국 정보부는 일본군이 송클라를 향해 총구를 겨누고 있다고 판단했다. 이 도시는 항구가 있는 남쪽 부근에 자리 잡고 있어 일본군이 방콕으로부터 더 멀리 떨어진 곳에서 작전을 수행할 수 있었다. 이는 영국군이 방어를 위해 군대를 주둔시키고 있던 코타바루를 직접 공격하는 것보다 더 안전한 대안이었다.

1941년 11월 29일, 싱가포르 소재 영군군 사령부는 12시간 전 통지가 발령될 경우에 대비하여 마타도르 작전 준비 수준을 높였다. 브룩-포팜 원수는 명확하고 타당한 계획을 세웠으나, 1940년 조시아 코스비 경[1]이 시암의 총리와 불가침 조약을 체결함에 따라 중요한 시기에 그 계획은 무산되었다. 코스비 대사의 노력으로 인해 영국군은 시암 국경에 접근하는 것이 불가능한 것처럼 보였다. 이로 인해 영국군 최고사령부는 마타도르 작전을 개시하는 데 필요한 충분한 병력을 지원하지 못했다. 1941년 12월 3일, 미국은 일본이 공격할 경우 영국에 대한 지원을 보장했다.

1941년 12월 4일 영국 공군의 허드슨 정찰기가 송클라에서 북동쪽으로 160km 떨어진 적 해군 호송대를 발견했고, 현지 사령부는 일본의 위협을 인지했다. 마타도르 작전은 일본의 압박을 막기 위해 기존 병력을 조정해야 했다. 머레이 라이언(Murray Lyon) 소장은 송클라의 공군기지와 항구를 점령하는 동시에 지트라를 방어하기 위한 작전을 맡은 인도 제11보병사단을 지휘했다. 목표 지점이 말레이 국경과 80km 떨어져 있기 때문에 이는 힘든 작업이었다. 하루가 지난 후, 런던은 마타도르 작전을 실행하여 브룩-포팜 원수가 시암 침공을 포함한 선제 공격

---

[1] 1934년부터 1941년까지 시암 주재 영국 대사를 역임했다.

을 가할 수 있도록 했다. 그러나 그날 오후 셴튼 토마스
(Shenton Thomas) 총독이 브룩-포팜 원수 및 퍼시벌 중장
과 함께 논의한 끝에 결정을 번복하여 군대 투입을 보류
함으로써 작전이 또다시 정치적으로 결정되는 결과를 낳
았다.

영국군은 호송대의 정찰만을 통해서 일본군의 동기를
알아낼 수 없었다. 그들은 일본군이 시암으로 향하는지,
캄보디아로 향하는지 목적지에 대해서도 알아낼 수 없었
다. 이러한 우유부단함으로 인해 영국 전쟁 내각은 피할
수 있는 전쟁을 유발하지 않고자 마타도르 작전에서 멀
어졌다. 12월 7일 오후가 되어서야 브룩-포팜 원수는 일
본군이 남쪽으로 항로를 변경하자 그들의 목적지가 송클
라가 아님을 확인할 수 있었다. 일본군은 말라야를 공격
할 계획이었다.

이날 영국 공군은 전투기 158대와 예비 조종사 88명을
집결시켰다. 첫날 공격 후, 일본군은 전투기를 단 50대로
줄였다. 지상군은 보병 대대 31개, 자원 대대 10개, 포병
연대 7개, 대전차 연대 2개, 해안 방어 연대 4개, 방공 연
대 5개, 공병대 10개로 구성되었으며, 모두 85,000명으
로 대규모였다. 이 지상군은 소수의 경장갑 차량에 의존
했다. 그들은 탱크와 이동식 대공방어가 부족했다. 그리

고 공중 우위를 유지하기에 역부족인 상황에서 지상군은 무너지고 있었다. 극동함대는 영국의 여러 전선에서 큰 피해를 입었다. 그들은 항공모함 1척, 전함 7척, 순양함 11척, 구축함 24척으로 일본군을 공격할 예정이었지만, 영국 최고사령부가 유럽과 지중해 전역을 우선시했기 때문에 전투자산이 축소되었다. 영국은 미국에 대한 공급 라인의 통제권을 긴급히 회복하는 동시에 독일, 이탈리아와 싸워야 했다. 영국은 석유가 풍부한 북아프리카와 전략적 요충지인 수에즈 운하를 보호해야 하는 긴급함이 있었기 때문에 감내할 수 없을 만큼 큰 부담을 떠안았다.

일본 제국군은 영국군을 향해 기습 공격을 가했다. 그들은 처음에는 아무런 폭격도 없이 주력 병력을 상륙시켰다. 그 전에 일본 제국 해군은 동부 해안의 영국 방어선에 대한 해군 공격과 폭격을 권고했다. 그러나 오자와 지사부로 제독은 일본 육군이 모든 영국 공군기지가 활동하는 가운데 접근해야 하는 궁극적인 위험을 인정했음에도 불구하고 일본 육군의 의견에 동의했다. 마타도르 작전은 다음의 요인으로 인해 실패했다.

1. 일본은 예상되는 마타도르 작전을 충족시키기 위한 비상 계획을 가지고 있었다. 그들은 남(南)시암의 지원을 받아 방콕 공군기지

를 효과적으로 활용할 계획이었다.

2. 인도 제11보병사단은 지트라를 방어하면서 일본군의 진격을 차단하고 저지할 수 있는 장비가 거의 없었다. 그들은 예비군 없이 2개 여단으로 구성되었다. 인도 제9보병사단도 마찬가지였다. 이들 여단들은 서로를 지원할 수 없었고 결국 두 사단은 같은 운명에 처하게 되었다.

3. 영국군은 남중국해에서 일본 해군의 주둔을 저지하기 위해 제트 함대에 의존했다.

4. 정치적 관점에서 볼 때, 영국은 시암 국경으로 진입하는 것을 거부했다. 일본은 아직 시암을 공격하지 않았고, 시암도 아직 일본의 진입을 허용하지 않았다. 그 순간 영국은 양측 모두를 자극하지 않기 위해 최선을 다했다.

5. 마타도르 작전에는 총리의 동의가 필요했다. 윈스턴 처칠은 영국 함대에 대한 신뢰를 완전히 상실했다. 그러나 대부분의 군사 자산은 영국 본토, 중동 및 러시아를 방어하기 위해 보내졌다. 1941년 처칠은 440대의 항공기를 소련에 파견하고, 싱가포르에서 제7사단(호주)을 우회시켜 중동으로 파견했으며, 인도 제9보병사단의 한 개 여단을 이라크로 옮겼다.

07

크로콜

크로콜(Krohcol)은 송클라와 파타니에서 일본의 진군을 지연시키기 위해 세 팀으로 구성된 영국 전투 그룹 '크로 칼럼(Kroh Column)'의 합성어이다. 그들의 주요 목표는 '레지(Ledge, 선반)'로 알려진 언덕을 통과하는 10km 길이의 도로였다. 이 언덕을 폭파하면 일본군이 파타니에서 지트라로 진입하는 것을 막을 수 있었다. 따라서 이 길은 일본군에게 전략적으로 매우 중요했으며, 이로 인해 인도 제11보병사단이 케다(Kedah)와 페락(Perak)으로 후퇴하게 되었다.

불행하게도 이 전투 그룹은 시암 경찰의 강력한 저항에 부딪혔다. 영국군은 다음과 같이 구성되었다.

1. 3/16펀잡연대-헨리 도슨 무어헤드 중령

2. 5/14편잡연대-시릴 아서 스톡스 중령

3. 제10인도산악포대-D. G. C. 코위 소령

4. 제45야전중대, 왕립 봄베이 공병 및 광산부대-J. R. 딘위디 소령

5. 제2/3 호주 자동차 운송 회사-G. A. C. 키어넌 소령

시암군의 구성은 다음과 같다.

1. 베통(Betong) 경찰-쁘라윤 라타나킷(Prayoon Rattanakit) 소령

일본군은 다음과 같이 구성되었다.

1. 일본 육군 제5보병사단

2. 제42보병연대

   • 2개 중대의 지원을 받는 제14전차연대

일자별 전황

1941년 12월 8~9일

싱가포르는 1941년 12월 8일 오전 9시 45분에 일본군의 상륙 사실을 알게 되었다. 퍼시벌 중장은 오전 11시 30분에 명령을 내리고 오후 1시쯤 최전선에 도착했다. 지트라의 방어 요새는 비에 젖어 통신선이 작동하지 않

았다. H. D. 무어헤드 중령은 오후 3시경 일본군이 송클라와 파타니에 상륙한 후 '레지'로 알려진 언덕을 선점하기 위해 크로콜을 이끌고 태국으로 들어갔다.

이곳의 위치는 태국 국경에서 50km 이내인 것으로 추정되었다. 베통에 도착하자마자 제3/16편잡연대는 정글에서 공격을 당한 현지 경찰과 의용대를 만났다. 쓰러진 고무나무는 브렌건(Bren Gun) 장갑차가 접근할 수 없을 정도로 도로를 좁게 만들었고 영국군을 막는 데 유리하게 작용했다. 정오까지 영국군은 국경을 넘어 8km를 이동했다.

다음 날 오후, 크로콜은 베통을 점령하였으며 현지 경찰은 무어헤드에게 무릎을 꿇고 항복하였다. 오늘날까지 크로콜이 급히 '레지'로 진격하는 대신 시간을 끌었던 이유는 알려져 있지 않다. 이는 전쟁 내내 엄청나게 큰 대가를 치르게 될 실수였다.

1941년 12월 10일

제3/16편잡연대는 그날 아침 베통에서 42km 떨어진 레지를 향해 출발했다. 일본군 제42보병연대가 정오까지 그들을 격파했다. 파타니에 상륙한 일본군은 맹렬한 기세로 60시간 만에 100km를 주파해 48km 지점에 도달한 영국군을 앞질렀다. 오후 2시경에 일본군은 크로콜 A 중대가 파타니강 근처의 협곡을 건너자 공격을 개시하였다. 무어헤드 중령은 자리프 칸(Zarif Khan) 중위의 D중대를 지원군으로 파견했다. G. B. 파머 중위와 K. A. H. 캐슨 대위가 지휘하는 B중대와 C중대는 각각 양쪽 측면에 배치되었다.

그로부터 얼마 지나지 않아 무어헤드 중령은 이들 중대와의 모든 통신이 두절되었다. 정오경에 한 연락병이 달려와 A중대와 D중대가 탱크 지원을 받는 일본 보병과 치열한 전투를 벌이고 있다는 소식을 알려주었다. 영국군이 대전차 소총을 쏘기 시작하자, 그 전차들은 서둘러 퇴각을 시도했다. B중대와 C중대는 해가 지기 전에 퇴각했다. 자정까지 제5/14펀잡연대와 제10인도산악포대가 크로에 입성했다. A중대와 D중대는 여전히 일본군과 열띤 전투를 벌이고 있었다.

1941년 12월 11일

무어헤드는 베퉁에서 북쪽으로 37km 떨어진 다리를 방어하고 있었고, 그곳에서 하빌다르 마나와르 칸과 A중대 출신의 병사 8명을 만나 끔찍한 소식을 들었다. 일본군의 공격으로 인해 A중대가 완전히 괴멸되었다는 것이다. 칸은 그에게 일본 보병대에 상당한 사상을 입힌 초기 매복에 대해 보고했다. 그러나 일본군은 전차 두 대의 지원을 받아 반격했다. 치열한 전투 끝에 살아남은 사람은 이들 아홉 명뿐이었다. 오전 11시에 자리프 칸 중위는 전투 위치로 돌아와 무어헤드와의 연락을 재개했다. D중대는 그 조우(遭遇) 전투에서 15명의 훌륭한 병사들을 잃었다. 한편 제5/14편잡연대와 제10인도산악포대는 크로의 방어를 위해 전력을 다하고 있었다. 스톡스 중령은 무어헤드를 만나러 나갔고 후퇴하는 대대를 엄호하라는 지시를 받았다. 스톡스는 C중대에게 크로에 머물라고 명령하고, 나머지는 제3/16편잡연대와 합류하기 위해 전진했다.

정오 12시에 편잡연대는 세 번의 강력한 공격을 견뎌냈다. 마지막 파상공격은 해가 지기 전에 제3/16편잡연대의 경계선에서 몰아쳤다. 영국군은 거의 모든 브렌 캐리어 장갑차를 잃었고, 일본군의 75mm Type-41포에는 상대가 되지 않았다. 영국군이 2인치 박격포로 대응하자 비처럼 내리던 일본군 포병의 사격이 멈췄다. 막대한 손실을 입으면서 무어헤드는 마침내 베통으로의 후퇴를 요청하기로 마음먹었다. 실망스럽게도 그는 해리슨 대령이 182km 떨어진 숭가이 페타니(Sungai Petani) 사단 본부에 있는 데이비드 머레이-라이언(David Murray-Lyon) 소장으로부터 서면 승인을 받을 때까지 버텨야 했다. 따라서 무어헤드의 생명은 머레이-라이언 소장에게 파견된 오토바이 연락병의 손에 달려 있었다. 전투에서 싸우는 병사들 또한 이 연락병이 후퇴 승인을 가지고 돌아올 때까지 기다려야 했다.

1941년 12월 12일

제3/16편잡연대는 밤새도록 기도와 희망으로 버텼지만, 동쪽과 남쪽은 일본군에 거의 포위되어 있었다. 오전 7시에 일본군이 근접전을 벌이기 위해 접근했다. 갑작스러운 일본군의 쇄도로 인해 영국군은 무서운 포병 공격에 노출되었다. 그리고 무어헤드는 위험을 피하기 위해 그의 병사들과 4대의 브렌 캐리어를 가지고 후퇴하기로 즉시 결정을 내렸다. 두 대의 캐리어가 치명적인 타격을 입었고, 무어헤드는 부상당한 편잡 병사들을 구출하기 위해 뛰어들었다. 무어헤드의 군대가 등장하자 기다리고 있던 제5/14편잡연대가 행동에 나섰다. 광기 속에서 살아남은 사람은 단 350명뿐이었다.

1941년 12월 13일

 일본 정찰대는 해 질 녘에 제5/14편잡연대를 발견하였고, 모든 부대 위치를 파악하기 위해 야간에 관측 활동을 실시하였다. 공격은 기계화 보병과 경전차로 낮에 시작되었다. 스톡스의 군대는 탱크를 폭파한 후 첫 번째 승리의 기쁨을 만끽하였다. 그러나 일본군은 재빨리 그들을 앞지르며 연대 전체를 약간의 피해만 입힌 채 크로로 퇴각하게 만들었다.

레이콜 부대

 1941년 12월 8일, E. R. 앤드루스 소령은 레이콜(Laycol) 부대를 이끌고 시암으로 들어갔다. 그는 제1/8편잡연대가 관리하는 트럭 200대를 가지고 있었으며, 제80대전차연대 산하 제273포대의 지원을 받고 있었다. 이 부대의 이름은 인도 제6보병여단 사령관인 윌리엄 레이(William Lay) 준장의 이름을 따서 명명되었다. 그들은 국경에서 16km 떨어진 반사다오(Ban Sadao)에 도착했다. 그곳에서 그들은 일본 선봉대를 공격하고 사에키 시즈오 중령이 지휘하는 전차 두 대를 파괴했다. 레이콜 부대는 1941년 12월 11일 세 개의 다리를 폭파한 후 퇴각해야 했다.

코타바루 전투

1941년 12월 4일, 일본 함대가 5사단과 18사단 병력을 태운 채 하이난의 사마항과 인도차이나의 사이공을 출발했다. 이 사단들은 제25군 사령관인 야마시타 도모유키 중장 소속이었다. 5사단은 파타니와 송클라를 통해 시암으로 침투했다. 반면에 18사단은 말레이시아 켈란탄 (Kelantan)의 코타바루를 공격할 예정이었다. 3일 후 오후 3시 45분, 영국 공군 제8비행대대의 록히드 허드슨 정찰대가 갑판에서 제복을 입은 병사들을 태운 것으로 보고된 일본 선박을 발견했다.

오후 5시 50분에 또 다른 허드슨 정찰대가 코타바루에서 북쪽으로 112해리 떨어진 곳에서 민간 선박과 순양함을 발견했다. 순양함은 정찰대를 향해 사격을 가했다. 오후 6시 48분 4척의 일본 선박이 코타바루에서 남쪽으로 150해리 떨어진 곳에서 발견되었다. 톰 필립스(Tom Philips) 제독은 호주의 다윈으로 순항하고 있던 리펄스함을 싱가포르로 회항시킬 필요성을 느꼈다. 필립스는 마타도르 작전을 실행하기 위해 루이스 히스(Lewis Heath) 중장에게 작전 대기를 명령했다. 일본 함대는 여전히 이동 중이었고 그날 밤 영국 공군 제205비행중대의 카타리나(Catalina) 비행기가 바짝 뒤따랐다. 그러나 영국 비행기가 위치를 싱가포르로 전달하기 전에 5대의 Ki-27 일본 전투기가 함대에서 이륙하여 영국 공군 비행기를 요격하고 격추했다. 성공적인 요격으로 패트릭 베델 중위와 그와 함께 있던 7명의 병사가 사망했다. 그들은 태평양 전역에서 연합군의 첫 번째 사상자가 되었다.

일본 함대가 말라야에 있는 영국군에 해를 끼치려는 것이 분명했다. 그들의 목표는 너무나도 명약관화하였다. 그러나 공군 원수 로버트 브룩-포팜 경은 마타도르 작전을 실행하는 것을 주저했고, 선제 조치가 전쟁 도발로 간주되지 않을까 하는 고민에 빠졌다.

자정까지 아와지산 마루(Awazisan Maru)호, 아야토산 마루(Ayatosan Maru)호 및 사쿠라 마루(Sakura Maru)호는 5,300명의 강력한 다쿠미군(軍)과 함께 켈란탄 해변에 접근했다. 이들 함선은 센다이 순양함 1척, 구축함 3척, 지뢰 탐지선 2척, 잠수함 추적선 1척으로 구성된 전투 그룹에 속해 있었다. 그들은 코타바루, 공케닥(Gong Kedak), 마창(Machang)의 활주로를 목표로 선정한 다음 인도 제8여단을 향해 만반의 공격 준비를 갖추었다. 제3/17도 그라스(Dogras)부대는 코타바루 북쪽과 동쪽까지 해변을 방어했다. 남쪽으로 32km 뻗어 있는 이 지역에는 제2/10발루치대대가 포진해 있었다. 제1/13프론티어군 소총병대와 제2/12프론티어군 대대가 예비병력으로 지정되었다. 제73야전포대와 제21산악포대가 지원을 맡았다. 연합군은 지뢰밭, 철조망 울타리, 콘크리트 진지를 구축하여 방어 진지를 더욱 강화했다.

00시 30분에 전투가 시작되었다. 일본 구축함들이 사박과 바당 해변 사이의 하구에 위치한 요새를 폭격하기 시작했고, 이것으로 진주만에 대한 터무니없는 공격 50분 전에 태평양 전쟁이 시작되었다. 다쿠미 히도시 소장은 입항하자마자 다쿠미 부대를 상륙시켰다. 이 부대는 제18산악포연대의 포병포대, 제12공병연대, 제18사단 통신부대의 지원을 받는 제56보병연대, 수송중대, 의료중대, 야전병원으로 구성되었다. 첫 번째 공격부대는 00시 45분경에 거친 바다와 강풍을 뚫고 해변에 접근했다.

호송대가 켈란탄으로 돌진하자 영국 공군 사령부는 코타바루, 공케닥, 쿠안탄, 숭가이 페타니, 텡마 및 알로르 세타르(Alor Setar)에서 필요한 모든 병력을 집결시켰다. 이 공군 부대들은 낮에 교전할 예정이었다. 코타바루의 영국 공군 제1비행대대는 일본의 공격에 대처하기 위해 록히드 허드슨 항공기 10대를 배치했다. 군함 아야토산 마루와 사쿠라 마루가 약간의 타격을 입었다. 불이 붙은 아와지산 마루의 경우는 심각한 타격을 입고 가라앉았다.

일본군은 허드슨 항공기 3대를 손상시켰다. 두 대는 가라앉았고, 그중 한 대는 곧바로 일본 배로 돌진했다. 이 사고로 일본군 60명 전원이 사망했다. 항공기 조종사 존 레이턴 존스 중위와 그의 부하들도 모두 사망했음은 물론이다. 상륙을 방해할 것으로 생각되었던 계절풍은 낮은 구름이 자연적인 공기 덮개 역할을 하면서 일본군의 상륙을 용이하게 해준 것으로 밝혀졌다. 연합군이 방어에 돌입하면서 도로는 물에 젖어 일본군의 진군 속도가 느려졌다. 유일한 단점은 거친 파도로 인해 일본군이 진수(進水)에서 함선 조종까지 방해를 받았다는 것이다. 일본군은 바다의 파도와 지속적인 적의 화력으로 인해 상륙 지점에서 이탈하면서 더욱 혼란에 빠졌다. 그러한 공습은 특히 철조망 울타리를 통과하려고 고군분투하는 많은 일본 부대들을 박살냈다.

새벽 4시 30분, 하시모토 신타로 소장은 해변의 상황과 끝없는 공습으로 인해 후퇴 계획을 세웠지만, 다쿠미가 영국의 방어선을 돌파하는 것으로 보였기 때문에 그의 요청은 거절되었다. 다쿠미는 일본군의 공격을 두 개의 요새와 이 요새들을 연결하는 지원 참호망에 집중했다. 그의 전술로 일본군은 영국군의 방어선을 뚫고 나갈 수 있었다. 요새가 없어지자 영국군은 자신들의 근거지를 지킬 수가 없었고 곧바로 악몽이 시작되었다. 특히 일본 공군이 북말라야의 연합군 공군기지를 공격한 후에는 더욱 그러했다. 인도 제8여단을 지휘하던 B. W. 키(Key) 준장은 코타바루 활주로를 방어하기 위해 해가 질 때까지 돌파구를 폐쇄하는 것에 찬성했다. 하지만 그러한 시도는 1/13국경군 소총대대와 2/12국경군 연대가 늪과 지류를 통과하는 동안 속도가 느려졌기 때문에 어려운 것으로 판명되었다. 전투의 열기 속에서 키 준장은 코타바루 활주로가 지상 공격을 받고 있다는 보고를 듣고 충격을 받았다.

이 보고는 나중에 허위로 밝혀졌다. 하지만 보고의 특성상 싱가포르에 있는 공군 본부는 긴급 철수 및 자폭을 선언하는 등 대응에 나섰다. 그러나 공군 사령관 C. H. 노블은 키 준장과 함께 아직 해변에 있는 적군을 찾기 위해 수색을 실시했다. 노블은 그의 군대에게 후퇴하지 말고 전선을 사수하라고 명령했다.

그렇게 힘겨운 전투를 치른 후, 제3/17도그라스대대는 지류, 습지, 석호를 따라 비행장에 더 가까운 방어선으로 철수해야 했다. 오전 6시 30분, 영국 공군 제8전대의 허드슨 항공기 12대가 쿠안탄에서 이륙하여 프렌티안섬 근처의 해군 호송대를 공격했다. 호송대는 대공포와 연막탄으로 대응하여 비행대의 공습을 좌절시켰고, 5대의 항공기가 코타바루에 비상 착륙해야 했다.

정오 무렵, 영국 공군 제1비행대대 비행사들은 비행장 근처에서 총성을 들었다. 이에 키 준장은 노블에게 비행장 소개(疏開)를 허가했다. 그리고 12월 8일 일몰 무렵, 마지막 허드슨 항공기가 비행장을 이륙했다. 지상요원과 기지 관리자들은 트럭을 타고 쿠알라크라이로 향했고, 그 후 싱가포르로 가는 기차를 탔다. 인도 제8여단은 자정 활주로가 최종 함락되기 몇 초 전에 북쪽으로 진격했다. 폭우로 연합군의 퇴각이 중단되었고, 마지막 몇 시간 동안 초현실적인 공포에 휩싸였다. 12월 9일 아침, 인도 제8여단은 제4/19하이데라바드대대의 후방에 새로운 진지를 구축하였다. 일본군은 이른 아침에 오른쪽 측면에서 공격을 계속하여 방어선에 압박을 가했고, 그날 저녁 코타바루 전체가 일본군의 손아귀에 들어갔다. 전체 상황을 재평가한 후, 키 준장은 인도 제8여단을 촌동(Chondong)으로 철수하는 것 외에 다른 선택지는 없다고 판단했다. 그리고 12월 11일, 그들은 마창으로 후퇴를 계속했다.

한편, A. E. 바스토(Barstow) 중장은 히스에게 켈란탄을 버리고 파항의 쿠알라리피스에서 다시 전선을 구축할 것을 제안했다. 그는 철도가 켈란탄으로 가는 유일한 경로라고 생각했다. 만약 일본이 철도를 장악한다면 여단 전체가 결딴날 것이며, 쿠알라리피스의 새로운 위치는 조직적인 탈출에 용이할 것이라는 게 그의 주장이었다. 제8여단이 추가로 철수해야 할 경우 서해안으로 가는 교차로를 이용할 수 있었다. 퍼시벌은 12월 12일에 바스토, 히스와 작전을 논의하며 이 결정이 타당하다는 확신을 가지게 되었다. 같은 날, 마창에서 전투가 벌어졌는데, 거기에서 영국군은 쿠알라크라이로의 원활한 철수를 위해 일본군의 진격을 막았다. 여단은 기관총, 대전차 소총, 박격포는 물론 553명의 병사를 잃었다.

코타바루 주변에서 벌어진 전투는 침공을 지휘했던 츠

지 마사노부 대령에게는 가장 끔찍한 전투였다. 320명의
병력을 손실했고 부상자는 538명이었다.

지트라 전투

말레이시아 사령부는 12월 8일 오전 11시 30분에 새로운 지시를 위해 급히 움직였다. 사령부는 제3인도군단에 송클라와 파타니-크로의 주요 도로 주변 지역을 점령하여 대체 방어 계획을 실행하라고 명령했다. 그들은 또한 송클라에 기동부대를 파견했는데, 이러한 모든 조치는 취소된 마타도르 작전 이후 남은 공백을 메우기 위한 것이었다. 하지만 준비에 많은 시간이 걸렸고, 군단 본부는 오후 1시 30분에 명령을 하달받았다. 말레이시아 사령부와 군단 본부 사이의 이 2시간 지연은 모든 준비 조치에 영향을 미쳤다. 이 부대들은 피로의 위험을 무릅쓰고 빠르게 전투에 뛰어들었다. 새로운 전투 접근 방식은 '서둘러 기다리는' 것이었고, 이는 병사들의 사기를 떨어뜨렸다. 그들은 이틀 동안 차량과 기차 안에서 비를 맞으며 기다렸다. 공격에서 방어로의 갑작스러운 전환은 병사들을 정신적으로 지치게 만들었다.

그들은 지트라에 새로운 방어선을 형성하였는데, 동쪽으로는 폭이 23km에 달하는 고무 농장과 언덕을 따라 철도와 남북 간선도로가 펼쳐져 있었고, 서쪽은 논과 늪지대가 형성되어 있었다. 방어선은 견고한 요새처럼 보였다. 하지만 이 견고한 거점은 몬순 기후로 폭격을 당했고, 시계처럼 정교한 시스템을 운영할 만한 통신 수단 또한 부족했다. 일부 부대는 폭우로 인해 제시간에 도착하지 못했다. 일부는 침수된 참호를 말려야 했고, 이는 지뢰밭과 철조망 설치 작업을 어렵게 했다. 그리고 1941년 8월까지 재정 지원이 없어 금고가 바닥나자 병사들은 스스로의 힘으로 방어막 설치 작업을 해야 했다. 민간인들이 공사를 수행했다면, 군인들은 새로운 환경에서 훈련을 받을 수 있었을 것이다. 훈련을 덜 받은 전투 요원들에게는 경험이 부족한 장교들이 배치되었다. 또한 그들은 "아시아인을 위한 아시아"라는 일본의 선전 문구가 인도 동료들 사이에 약간의 변화를 일으키는 것을 보고 소스라치게 놀랐다.

지트라 방어선은 코디앙(Kodiang)으로 가는 교차로와 철도를 포함하여 남북 간선도로를 담당하는 인도 제11

사단 제15보병여단의 관할 아래 놓였다. 제6인도보병여단은 제15인도여단의 바로 서쪽에 있었고, 제28인도보병여단은 알로르 세타르에 예비 병력으로 배치되었다. 제2/9자츠(Jats)대대로 구성된 제15인도보병여단은 늪지대 논에 배치되었다. 제1레스터부대는 고무 농장을 담당했다. 제1/8편잡대대의 2개 중대는 캄풍 이맘의 전방 초소에 산악 포대를 갖춘 예비 병력이었다. 제6보병여단은 캄풍 피상, 캄풍 카푸르, 캄풍 부디에 있는 제2대대(이스트 서리 연대)와 레스터 부대 서쪽에 있는 제2/16편잡연대 등 2개 대대로 나뉘었다. 말레이시아 사령부는 레이콜 분견대를 제외하고 나머지 제1/8편잡연대를 예비부대로 남겨놓기로 했다. 제22산악연대, 제155야전연대, 제80대전차연대의 포병 지원으로 6개 포대가 준비되었다. 지트라에서 약 4km 떨어진 아순(Asun)에서는 아순강을 연결하는 제방 남쪽에 최전방 초소가 세워졌다. 이 주둔지를 담당한 군인들은 제1/14편잡연대, 제4산악포대, 제2대전차포대의 일부에서 차출한 분견대 출신이었다. 또한 아순에는 제23인도야전중대가 있었는데, 필요할 경우 아순강 위의 다리를 파괴하기 위해 주둔하고 있었다. 제3인도군단은 강, 논, 늪지를 헤집고 들어가려고 안간힘을 쓰고 있었다. 오토바이는 진흙탕 속에서 간신히 작동했고 끔찍한 날씨로 인해 앞으로 달려갈 능력이 없었다. 전화 선은 물속에 깊이 잠겨 있어 통신에도 타격을 입었다.

이동식 부대는 두 개로 나뉘었다. 크로콜 분견대는 태국 깊숙한 곳인 크로에서 48km 떨어진 레지까지 이어지는 제3/16펀잡연대로 구성되었고, 레이콜 분견대는 W. O. 레이 준장의 이름을 따서 명명되었다. 레이콜 부대는 2개 중대와 브렌 캐리어 소대로 구성된 분견대로, 2대의 대전차포를 지원받는 제1/8펀잡연대포대로부터 편성되었다. 레이콜 분견대는 부킷 카유 히탐에서 13km 떨어진 반 사다오에 주둔하였으며 공병 부대의 지원을 받았다. 또 다른 레이콜 분견대는 파당 베사르에서 장갑열차로 태국으로 급파되었다. 이 분견대는 제2/16펀잡연대에서 차출된 소대였다.

이 분견대는 클롱 응게에서 차량을 세우고 철교를 폭파했다. 그들은 12월 9일 오전 2시에 파당 베사르로 돌아왔다. 다른 레이콜 분견대는 12월 8일 오후 6시 15분에 반 사다오에 도착하여 교두보를 세우려던 참이었다. 그때 사에키 분견대의 선봉장이 그들을 덮쳤다. 사에키 시즈오 대령은 야간 공격 결정 이후 장갑차와 탱크 3대를 동원한 500명의 소규모 병력으로 진지를 타격했다. 눈을 부시게 하는 헤드라이트는 당장은 영국군을 혼란에 빠뜨렸으나 일본군은 모든 전차를 잃고 말았다. 장갑차에서 보병 부대가 쏟아져 나와 측면에서 공격하자 레이콜 분견대는 두 개의 주요 다리를 파괴하기도 전에 후퇴해야 했다. 레이콜 분견대는 12월 9일 오전 1시 30분에 일본군에게 중요한 기밀문서를 남긴 채 국경으로 돌아왔다. 그것은 창룬과 지트라 전역의 방어 위치를 보여주는 자세한 지도였다.

한편, 지트라에서 데이비드 머레이-라이언 소장은 방어에서의 혼란을 해결했다. 그는 K. A. 개릿(K. A. Garrett) 준장에게 적어도 12월 12일 아침까지 인도 제15여단을 통제하라고 명령했다. 머레이-라이언 소장은 개릿 준장을 돕기 위해 제2/1구르카소총대를 배치했다. 그 소총 부대는 아순의 최전방 기지로 보내졌고, 제1/14편잡연대는 브레다 팩 곡사포 2문과 2파운드 전차포 2문을 가지고 창룬으로 진군했다. 이러한 새로운 배치로 인해 코디앙-캉가르 경로를 따라 배치되어 있던 부대가 코디앙으로 다시 이동했고, 펄리스(Perlis)는 사실상 무방비 상태가 되었다. 태국 왕은 이를 명백한 펄리스 영국 조약(Perlis British Treaty) 위반으로 간주하여 격노하였다.

이 치명적인 실수가 벌어지는 동안, 12월 10일에 세 가지 일이 발생하여 전차에 남아 있던 병사들의 사기를 꺾었다. 영국 공군은 지상군에게 알리지 않은 채 급히 케팔라 바타스 공군기지를 포기했으며, 지상군은 가장 필요한 시기에 공중 지원이 없음을 알게 되었다. 일본이 북말레이시아에서 연합군 항공기의 절반 이상을 파괴한 것을 보면 전쟁이 발발한 이후로 영국 공군의 공중 지원이 형편없었음을 알 수 있다. 그것은 빙산의 일각일 뿐이었고, 레지에서 크로콜이 패배한 것처럼 영국군은 끝없는 추락의 나락으로 빠져들었다. 그들의 성급한 후퇴는 북말레이시아의 방어 진지를 위협했고, 영국군이 후방을 공격받도록 만들었다. 그날 오후 세 번째 사건으로 그들의 사기는 완전히 무너졌다. 콴탄에서 프린스 오브 웨일즈함과 리펄스함이 침몰했다는 소식이 전해졌다.

12월 10일 오후 9시경, 사에키 분견대는 창룬 북부에서 제1/14편잡연대의 분견대에 접근하였으며, 이때 일본 전차 2대가 파괴되었다. 제1/14편잡연대가 너무 큰 타격을 받아 창룬 남쪽의 다른 진지로 철수했기 때문에 일본군의 진격을 꺾지는 못했다. 다음 날 아침, 사에키는 늪지대와 고무 농장을 통과하는 영국의 측면을 공격하기 위해 두 번째 진지로 향했다. 연합군 공군이나 대공 포대의 요격 없이 저공비행 임무가 진행되자, 항공 정찰단은 일본군의 진격을 위해 포와 박격포를 사용할 것을 제안했다. 오후 2시 30분경, 제1/14편잡연대는 폭우 속에서 아순으로 돌아가라는 명령을 받았고, 병사들은 우거진 고무나무 아래에서 비를 피하기 위해 캄퐁 농카 근처에 멈췄다. 이 폭우로 시야가 가려져 창룬에서 다가오는 일본 전차의 굉음 소리가 들리지 않았다. 병사들은 일본군이 이 끔찍한 날씨에 더 이상 모험을 하지 않을 것이라고 생각했지만, 제1/14편잡연대가 비에 움츠러든 오후 4시 30분경에 사에키 분견대가 행동에 나섰고, 병사들은 엄청난 대가를 치러야 했다. 그들은 기껏해야 추풍낙엽일 뿐이었는데, 가까이서 전차를 본 적이 없는 사람들이었고, 전투 경험도 부족했다. 공황으로 인해 그들은 겁에 질려 벌벌 떨기 시작했고, 사에키 부대가 이용할 수 있는 모든 선택지를 열어주었다.

아순강 남쪽 기슭에 있는 제2/1구르카소총대는 다리에 설치된 폭발물 외에 대전차 장비가 없었다. 적의 전차를 발견한 공병 대원이 방아쇠를 당겼다. 하지만 총알이 먼저 그에게 날아왔고, 연이은 사격으로 다리의 폭발물과 연결된 선이 끊어졌다. 제23인도야전중대의 J. E. 베이트 소령은 끊어진 두 개의 선을 연결하려고 했으나 기관총의 집중 공격과 자신의 실수가 겹쳐 전사하였다. 하빌다르 만바하두르는 대전차 소총으로 벌어진 구멍에 폭탄을 밀어넣어 두 대의 전차를 손상시키고 다른 한 대는 도망가게 만들었다. 하지만 일본 보병은 경험이 부족한 제2/1구르카소총대를 압도하며 전폭적인 엄호 사격을 받는 가운데 자신들의 위치로 집결하였다. 12월 11일 저녁 7시경, 지트라로 가는 길은 여전히 열려 있었다. 제2/16 펀잡연대 분견대는 주요 도시 방어에 합류하기 위해 후퇴했다. 공황 상태가 다시 그들의 움직임을 방해했다. 캄풍 망골(Kampung Manggol)의 다리는 반대편의 분견대가 안전한 위치를 찾기도 전에 폭파되었다. 분견대는 공포에 질려 트럭과 브렌 캐리어와 7개의 대전차 포대, 4개의 곡사포를 버려야 했다. 이러한 무모한 행동은 연합군의 전술을 꼬이게 만들었고, 전날 밤의 사건 이후에도 그들의 허약한 사기는 회복되지 않았다.

창룬과 아순의 최전방 기지가 더 이상 확보되지 않는 상황에서 영국군은 일본군을 지트라에 붙잡아두기 위해 말할 수 없는 역경에 직면했다. 일본군 선봉대는 12월 11일 오전 6시경 인도 제11사단과 교전을 시작했다. 약 2시간 후, 일본 전차가 아순을 통과했다는 보고가 도착했다. 영국군은 레스터 연대 제1대대에서 병력 일부를 차출하여 숭가이 베사르(Sungai Besar) 다리 북쪽을 정찰했다. 그들은 적을 발견하면 경고를 발령할 예정이었다. 오전 8시경, T. W. 클라리쿠트 중위가 느린 행진을 하는 전차 부대를 발견했다. 섬광탄이 하늘에서 번쩍였고, 클라리쿠트에게 다리를 폭파하라는 명령이 내려졌다. 일본군이 근처 봉쇄선으로 진격을 계속했고, 폭발물은 다시 한 번 오작동을 일으켜 다리는 운이 좋게도 온전하게 남았다. 일본군은 그 과정에서 전차 두 대를 잃었다.

그것은 영국군에게는 별로 도움이 되지 않았다. 제15인도여단은 새로운 사령관을 임명했다. 카펜데일(W. St J. Carpendale) 준장이 아순 전투 중 실종된 가렌트 준장을 대신했다. 머레이-라이언 소장은 일본군이 통신을 교란할 가능성이 있음을 생각하며 불안해했다. 그렇게 하면 일본군은 크로콜이 철수한 후 무방비 상태인 지트라 방어선을 뒤에서 위협할 수 있기 때문이었다. 머레이-라이언 소장은 퍼시벌 중장에게 보고하여 제11인도사단을 남쪽의 구룬으로 밀어내 달라고 요청했다. 퍼시벌은 구룬이 지트라에서 48km 떨어져 있기 때문에 더 후퇴하면 사기가 떨어질 것이라고 생각하여 거절했다.

12월 12일 일본군은 각각 레스터 제1대대 및 제2/9자츠(Jats)대대의 C중대와 D중대를 향해 돌진했다. 케분 파사르(Kebun Pasar)의 포병과 박격포 사격으로 연합군은 겁을 먹었지만 일본군은 곧 주 방어선을 공격하고 있다는 것을 깨달았다. 그래서 가와무라 사부로 소장은 제9보병여단을 제41보병연대와 제11보병연대로 재편성했다. 그는 양방향 공격을 구상했다. 제41보병연대는 동쪽 간선도로에서 공격하고, 제11보병연대는 서쪽에서 공격할 계획이었다. 12시 30분에 사에키 분견대가 D중대(2/9자츠)를 측면 공격하면 연합군 진지가 고립될 것이었다. 탄약이 고갈되면서 제155야전포병대의 발사 강도가 약화되었다. 제2/9자츠 D중대의 기관총은 진흙 속에서 과열되어 불발 상태였고, 홀든 대위가 철수 요청을 했지만 아무도 귀를 기울이지 않았다. 그리고 이는 치명적인 결과를 낳았다. D중대는 1시간 만에 모두 포로가 되었고, 오른쪽 측면에 2.4km의 치명적인 틈을 노출시켜 일본군이 레스터 부대의 목을 덮쳤다. 레이 준장은 제1/8펀잡연대를 보내 격퇴하려 했으나 모두 전사하였다. L. V. 베이츠 중령은 두 장교와 함께 전투에서 사망했다. 일본군은 계속해서 제2/2구르카소총대를 바타강에서 공격했고, 오른쪽에서 진군해 왔다. 구르카와 레스터 부대는 이스트 서리 연대 제2대대 소속 브렌 캐리어의 도움으로 버텼다. 개릿 준장을 포함한 아순과 창룬의 생존 병사들이 방어를 돕기 위해 나섰다.

머레이-라이언 소장은 노출된 틈새에 병력을 투입하

기 위해 카펜데일의 제안에 동의했다. 그는 새로운 병력을 편성해 12월 12일 오후 4시에 바타강에서 캄풍 림바(Kampung Rimba)까지 반격하기로 하였다. 레스터 연대의 제1대대는 재배치되어야 했고, 제2/9자츠부대를 전투에서 철수시켰다. 그러나 지옥불 같은 포탄 세례가 자츠부대를 더욱 혼란스럽게 만들었고, 상황이 너무 심각해서 일부는 자신들에게 내려진 철수 명령을 알지도 못했다. 일본군은 계속 압박해 왔고, 레스터 연대는 새로운 위치를 잡기 위해 동분서주하였다. 연합군은 제2/9자츠부대의 상황 보고에서부터 치명적인 실수를 저질렀다. 자츠는 방어적 입장을 주장했고, 연합군은 일본의 중대한 공격을 잘못 판단하였다. 연합군은 거짓 소문으로 인해 일본 전차가 바타강을 건넜다고 확신했다. 피로와 압박으로 인해 머레이-라이언 소장은 구룬으로 후퇴했다.

루이스 히스 중장은 싱가포르에서 퍼시벌과 논의한 다음 머레이-라이언 소장에게 다음과 같이 통지했다.

- 인도 제11사단은 북케다를 방어해야 하며, 그들이 상대하는 일본군은 단 1개 사단에 불과함.
- 이 침략 사단을 처리하는 올바른 방법은 위기를 막고 보병과 포병 부대로 재편성하는 것임.

머레이-라이언 소장은 이 명령을 지키기 위해 필요한 모든 수단을 동원하라는 지시를 받았고, 크로콜은 더 이상 그의 관할권에 속하지 않는다는 말을 들었다. 머레이-라이언은 이것을 후퇴의 승인으로 해석했다. 그는 2단계 후퇴를 계획했다. 먼저 알로르 세타르, 특히 케다강의 남쪽 기슭으로 후퇴한 다음 구룬으로 직진하는 것이었다. 후퇴는 밤 10시에 시작되었고, 4시간 후 바타강의 철교가 파괴되었다. 이번에는 폭발물이 제대로 터졌다. 연합군은 움직일 수 있는 차량이 없어 악천후 속에서 밤중에 도보로 24km를 이동해야 했다. 이러한 고문은 병사들의 사기를 산산이 부수었다. 신병들은 처음으로 이런 역경에 직면했다. 어떤 부대는 후퇴 사실조차 알지 못한 채 필요한 모든 수단을 동원하여 논, 늪, 철도, 바다길로 전진했다. 어떤 부대는 익사했다고 보고되었다. 어떤 부대는 페낭에 도착하여 남쪽에 있는 이포(Ipoh)에서 본대에 합류했다. 수마트라에서는 아무것도 모르는 채로 헤엄치며 바다를 건너는 사람도 있었다.

12월 13일 아침, 일본군은 지트라에 입성했다. 그들은 상당한 전리품을 획득했다. 야전포대 50개, 중기관총 50문, 장갑차를 제외한 트럭 300대, 그리고 적어도 3개월 동안 사단 전체가 사용할 수 있는 풍부한 탄약과 식량이었다. 인도군 3,000명이 포로로 잡혔다. 인도 제15여단의 군인 600명이 도망쳤다. 레스터 연대 제1대대는 브렌 캐리어와 박격포로 탈출했다. 사상자는 많았는데, 특히 제6인도여단에서 그러했다. 진흙 속에 갇힌 것은 무엇이든 버려야 했다. 차량, 포병, 박격포를 잃은 것은 심각한 타격이었다.

말할 필요도 없었다. 연합군은 패배했고, 일본군은 약간의 손실을 입는 데 그쳤다.

10

캄파르 전투

1941년 12월 27일, 제11인도보병사단은 캄파르에서 쿠알라룸푸르를 향한 일본의 강력한 진격을 막기 위한 방어 작전을 위해 긴급히 동원되었다. 또한, 이는 동부 해안에서 제9인도보병사단이 중단 없이 접근할 수 있도록 하기 위한 것이었다. 일본군은 마츠이 다쿠로 중장의 지휘하에 일본 육군 제5사단을 투입했다. 마츠이는 제9여단의 명망 있는 가와무라 사부로 소장을 지휘관으로 삼았는데, 그는 와타나베 대령과 오카베 가니치 대령이 각각 지휘하는 제11연대와 제41연대를 감독했다. 지트라, 크로, 알로르 세타르, 구룬에서 거듭된 패배로 인해 제11인도보병사단을 지원하기 위해서는 대대를 병합해야 했다.

연합군은 다가올 전투에서 1,300명의 영국군을 선발대로 투입할 참이었다. 이 영국 대대는 4,000명의 일본 보병보다 우세할 것으로 예상되었다. 그리고 그처럼 번거로운 책임을 맡은 사람은 헨리 무어헤드 준장으로, 그는 제6, 제15인도보병여단을 제15/6여단으로 통합하는 임무를 맡았다. 주요 구성 부대는 영국 대대였는데, 제2대대에서 남은 병력으로 구성된 이스트 서리 연대는 일본의 맹공을 피해 살아남은 이야기를 전해주었다. 여기에는 제1/14, 제5/14, 제2/16펀잡연대가 포함되었다. 그리하여 캄파르에는 1,600명의 전투원이 모였다. 그것은 많은 사상자를 극복하기 위한 영국의 해결책이었다. 제1/8펀잡연대는 제2/9자츠연대와 통합되어 자트/펀잡연대가 되었다.

아서 퍼시벌은 캄파르에서 일본군을 최소 10일 이상 지연시키는 계획을 주도했다. 이 도시는 지리와 인프라 면에서 적합한 곳으로 간주되었다. 이곳 간선도로와 철도는 잃어서는 안 되는 너무도 중요한 자산이었다. 그리고 구불구불한 언덕들도 포병 사정권 안에 있었다. 그래서 퍼시벌은 제28인도보병여단을 쿠알라 디팡(Kuala Dipang)과 사훔(Sahum) 사이의 도로를 감시하도록 배정했다. 레이 셀비(Ray Shelby) 준장은 이 임무를 감독했고 캄파르강 위의 철교를 유지, 관리했다. 그는 지트라, 크로, 구룬 및 이포에서 쫓겨난 구르카 용병들을 배정받았다.

이 용병들은 일본군이 14대의 전차를 이끌고 진군하는

것을 보았다. 그러나 대전차 무기가 충분하지 않았던 그들은 두려워하며 뒤로 도망쳤다. 캄파르의 군대는 일본군이 도착하기 전에 방어를 강화할 시간이 8일밖에 없었다. 영국 포병대는 캄파르 주변의 다리, 특히 쿠알라 디광의 다리를 고치려는 일본군을 막기 위해 포격을 가하였고, 처음으로 효과를 거두었다. 서쪽으로는 제1/14, 제2/16, 제3/16펀잡연대가 말린 나와르에서 트로노의 광산까지 목숨을 바쳐 철도를 방어하였다. 제88야전연대 왕립 포병대는 25파운드 포를 퍼부었다.

영국군은 캄파르의 탁 트인 전망을 볼 수 있는 해발 4,000피트 높이의 그린 리지를 이용했다. 톰슨, 케네디, 세메터리 리지에 있는 병사들과 함께 그들은 주요 도로를 잘 볼 수 있었다.

일자별 전황

1941년 12월 30∼31일

일본군은 이포에서 영국군을 무너뜨린 지 이틀 후에도 기세를 이어가기를 바랐다. 새벽이 되자 그들의 포병대가 말림 나와르 도로를 맹공하기 시작했다. 영국군은 북쪽으로는 이포, 고펭, 바투 가자(Batu Gajah), 남쪽으로는 타파와 비도르까지 이어지는 패배에 대한 보복 공격을 하였다. 이 이틀 동안 일본군은 톰슨 리지의 영국 대대를 향해 필사적인 돌격을 감행했다. 이번에는 구르카 용병들이 훨씬 더 치명적이라는 것이 증명되었는데, 그들은 동쪽에서 돌격하면서 쿠크리 칼날로 적을 망가뜨렸다. 일본군은 무자비한 25파운드와 4.5인치 곡사포 세례 때문에 모를 수 없는 벽에 부딪혔다. 영국군 제88 및 제122 야전포병대는 일본군을 물리치고, 근처 늪과 지뢰 웅덩이에서 돌격병들을 밀어내고 익사시켰다.

아우구스투스 머독(Augustus Murdoch) 중령의 영국군 제155야전포병대가 새해를 축하하며 일본군을 향해 12발의 예포 발사를 명령한 것은 승리에 대한 자신감의 표현이었다.

1942년 1월 1일

마츠이 중장은 영국군의 대포 사격과 박격포 세례에도 흔들리지 않는 확고한 결의를 가지고 있었다. 그는 공격군을 새로운 부대로 재편했다. 전투 후 48시간의 휴식 기간을 가지는 것은 교과서에 있는 내용이었다. 한편 연합군은 병력을 교체하지 않은 채로 있었다. 오전 7시에 가와무라는 오른쪽에서 박격포 공격을 시작했다. 특히 그들이 총검으로 영국군을 공격했을 때, 전투는 아슬아슬하게 끝나가고 있었다. 한동안 두 교전 상대는 서로의 거점 지역을 차지했다 빼앗겼다를 반복했다. 이는 영국군에게 긍정적인 일이었다. 왜냐하면 그들의 병력이 제88 야전포병대와 함께 재편되었고, 2일간 이어진 일본의 공격에도 불구하고 캄파르에서 거점을 유지했기 때문이다.

에드거 뉴랜드 중위는 왕립 레스터셔 연대의 제1대대 출신 30명의 소대로 전선을 성공적으로 방어한 공로를 인정받았다. 그의 소대는 나머지 영국 대대로부터 완전히 고립되었음에도 일본의 포위 공격에서 살아남았다.

1942년 1월 2일

일본군 제41연대는 영국 대대가 2개 예비 중대로 반격을 가하기 전까지 잠시 동안 동쪽 측면에서 진지를 확보했다. 일본군은 포대로 그 지역을 계속 폭격하고 정오가 되자 다시 점령하여 잠시 충격을 주었다. 영국군은 포대가 과열되었을 때 대체 병력이 없었기 때문에, 그것은 심장마비와도 같은 상태로 해석되어야 한다.

무어헤드 준장은 자트/펀잡연대를 배치하여 그 지역을 탈환했다. D중대가 두 번 공격을 시도했지만 소용이 없었다. 무어헤드의 연대는 오후 5시, 존 온슬로 그레이엄 대위와 찰스 더글러스 램 중위가 지휘하는, 총검을 장착한 소총으로 무장한 무슬림과 시크교 군대의 힘을 규합하여 움직였다. 그들은 일본군을 톰슨 리지까지 몰아냈다.

이 과정에서 램 중위를 포함한 33명이 사망했다. 하지만 굴하지 않는 열정으로 그들은 적진 뒤에서 많은 일본군을 포로로 사로잡았다. 세 번째 진지로 행군하는 동안 박격포탄이 정밀하게 휘어져 날아와 그레이엄 대위가 엄폐하던 지역에 떨어졌다. 폭발의 충격으로 그는 다리를 다쳤다. 하지만 분노한 대위는 두 무릎을 꿇은 채로 계속 싸우며 명령을 전달했고, 어느 순간에는 후퇴하는 적에게 수류탄을 던지기도 했다. 결국 시크교 군인은 30명만이 남았다. 그레이엄은 부상이 심각해서 탄중 말림 병원으로 이송되었지만, 과다 출혈로 사망했다.

무어헤드와 모리슨 중령은 영국 대대가 캄파르를 위해 할 수 있는 모든 것을 다 했다는 결론을 내리고 이를 보고하기로 결정했다. 그들은 앤슨만과 바간 다토를 통해 바닷길을 거쳐 온 일본군의 새로운 위력에 더 이상 맞설 수 없었다. 영국군은 다시 슬림강으로 후퇴했고, 그곳에서 병사 150명을 잃었으며 500명의 일본군 사망자를 발생시켰다. 불리한 상황을 깨달은 야마시타는 캄파르 남쪽 서해안으로 바로 상륙하여 인도 제11보병사단의 퇴로를 차단하고 포위하라는 명령을 내렸다.

AUSTRALIAN WAR MEMORIAL   127898

말라야 작전 기간 동안 위장을 한 채 강을 건너는
일본군 병사들

11

슬림강 전투

1942년 1월 4일, 인도 제11보병사단은 캄파르에서 숭카이-슬림(Sungkai-Slim)으로 후퇴했다. 퍼시벌은 적어도 1월 14일까지 그 지역을 방어하라고 요구했는데, 이는 일본이 쿠알라룸푸르와 포트 스웨트넘의 8개 비행장을 결코 점령하지 못하도록 하기에 완벽한 기간이었다. 일본이 비행장을 점령한다면, 싱가포르에서 도착할 예정인 제18보병사단의 지원 호송대를 공격할 수 있는 위치를 차지하는 것이기 때문에 이는 위태로운 사건이었다.

일본군의 진군

1941년 크리스마스에 일본은 남서부 말라야를 장악했다. 안도 대령은 그가 통솔하는 제42보병연대와 함께 주요 공격을 맡아 포탄 세례에 짓밟힌 오카베 연대를 구출했다. 이 부대는 일본군 제5사단을 지탱하는 등뼈와도 같았는데, 시마다 도요사쿠 소령이 지휘하는 17대의 89식 I-Go 중형 전차와 3대의 95식 하고(Ha-Go) 경전차를 이끌고 진군했다. 전차를 밤에 진군시키는 것은 시마다의 생각이었고, 이는 햇빛 없는 전투를 감수한 계산된 움직임이었다.

영국군의 방어

아치볼드 파리스 소장은 이언 스튜어트 중령과 레이 셀비 중령을 지휘했으며, 둘은 각각 슬림강을 방어하기 위해 제11인도보병사단을 구성한 제12인도여단과 제28구르카여단을 이끌었다. 파리스 소장은 적어도 당장은 데이비드 머레이-라이언을 대신하라는 퍼시벌의 명령에 따라 그곳에 있었다. 캄파르와 그릭(Grik)에서 패배한 후 많은 사상자가 발생하면서 이 부대는 잠재력을 발휘하지 못하게 되었고, 대부분은 극도로 지쳐 있었다. 보병 사단의 일반적인 숫자는 10,000명에서 15,000명 사이였다. 그러나 슬림강을 맡은 부대는 유일하게 7,000명이 되지 않는 병사를 보유한 사단이었다.

3주 동안 280km를 이동한 후 3일간 휴식을 취한 이 부대의 병사들은 기력이 쇠퇴하고 사기가 저하되었다. 이러한 육체적 어려움 때문에 영국군은 자신들이 방어를 해야 할 이유를 찾지 못했을 것이다. 그들은 적절하게 방어를 지속할 수 없었다. 제11사단이 1,400개의 넘쳐나는 지뢰를 가지고 있었음에도 불구하고 그들은 단지 40개의 대전차 지뢰만 설치했다. 일본군이 포위망을 뚫을 가능성에 대비해 그들은 25km에 걸친 회랑에 분산되어 있었다. 일본군은 이제 길고 좁은 길에서 그들을 상대해야 했다.

파리스 소장은 일본군이 이 길을 포위하는 것이 불가능할 거라고 계산했다. 그는 일본군이 정면 공격을 감행할 것으로 예상했다. 그래서 그는 제한된 사격 범위를 이유로 포병대를 예비병력으로 남겨두었다. 그러나 급히 후퇴하면서 부대 간, 특히 포병대 간에 약간의 통신 문제가 발생했다. 스튜어트 중령은 마을 북쪽의 고무 농장까지 트롤락(Trolak) 도로를 따라 양쪽으로 3개 대대를 배치했다.

1. 콘크리트 블록으로 위장한 탱크로 바리케이드를 친 최전선의 제 4/19하이데라바드(Hyderabad)연대
2. 바리케이드와 탱크 장벽이 없는 방어 위치에 있는 아가일(Argyll) 제2대대 및 서덜랜드 하이랜더스

3. 후방에 있는 제5/2펀잡연대

4. 캄풍 슬림의 예비병력인 제5/14펀잡연대

레이 셀비는 제12인도여단 남쪽에 있는 구르카 병사들과 함께 진지를 구축하였다. 스튜어트와 셀비가 이끄는 각각의 대대는 두 개의 다리로 구불구불 이어져 있는 도로와 철도를 따라 깊이 매복하였다. 제28구르카여단은 3개 대대, 즉 제2/1구르카연대, 제2/2대대, 제2/9대대로 이루어진 집합체였다.

일자별 전황

1942년 1월 5일

전투는 제5/16여단의 후위대가 제12인도여단의 방어 진지를 따라 철수하면서 시작되었다. 얼마 지나지 않아 안도 대령은 영국군의 방어를 시험하기 위해 최전선 부대를 출동시켰지만 하이데라바드 연대에 의해 격파되었다. 안도는 공격 계획을 재고했고, 다음 날 도착한 시마다의 전차를 기다렸다. 시마다는 안도에게 길을 따라 직접 공격을 허용해달라고 간청했고, 이에 따라 일본의 표준 포위 전술을 포기했다.

1942년 1월 7일

일본은 새벽 3시 30분에 제4/19하이데라바드연대에 포격을 가하며 공격을 재개했다. 그들은 트롤락 다리와 그 뒤를 이은 슬림강 다리를 점령하기 위해 진군했다. 모로쿠마 소좌는 20대의 전차를 앞세운 80명의 기동 보병을 이끌고 그들의 진로를 가로막는 장벽을 돌파했다. 그는 강력한 포병의 저항에 부딪혔고, 시마다의 전차 중 하나가 파괴되었다. 그러나 홀로 진군하는 일본군과 싸우러 떠난 하이데라바드 연대가 포병 부대와 모든 통신이 두절되면서 상황은 내리막길을 걷게 되었다. 하이데라바드가 철수하기 위해 허둥대는 동안 안도 대령이 지휘하는 제3대대가 15분 만에 장벽을 통과하여 길을 터주었다. 시마다의 전차는 이제 일본 보병을 따라 나아갔다.

하이데라바드군은 펀잡 제2연대를 만났고 그 일본군 전차들을 언급하는 것을 잊지 않았다. 지뢰가 제 역할을 해서 두 번째 전차를 파괴했다. 그리고 보이스 대전차 소총으로 정확히 조준하여 세 번째 전차를 파괴했다. 숙련된 펀잡 연대는 화염병으로 네 번째 전차를 불태우기 위해 포탄을 쏟아부었다. 이러한 연속된 파괴는 이제 남은 일본군 전차들이 더는 앞으로 나아갈 수 없게 막았고, 영국군은 포격을 재개할 기회를 얻었다. 그러나 영국군이 통신을 재개할 수 없었기 때문에 그런 기회는 다시 오지 않았다.

편잡 병사들은 안도의 군대에 맞서 싸웠다. 정신이 팔린 많은 병사들이 시마다의 부대가 파괴된 전차를 지나가는 것을 보지 못했다. 시마다는 교전하지 않고 전진하여 이 살상 현장에서 많은 편잡인 사상자를 남겼다. 오전 6시 30분, 일본군은 린제이 로버트슨 중령이 이끄는 아가일 및 서덜랜드 하이랜더스를 시험하고 있었다. 이들의 경험과 용맹함은 유명했다. 그들은 제12여단 본부를 방어하기 위해 캄퐁 트롤락에 배치되었다. 하지만 캄파르 전투에서 너무나 많은 훌륭한 병사들을 잃었다. 그럼에도 그들은 또 다른 패배는 생각하지 않았다. 실제로, 그들은 대전차 시스템도 없었고 지뢰조차 없었다. 하지만 아가일 및 서덜랜드 하이랜더스는 영국군의 정보 부족으로 희생되었다. 그들은 일본군이 정면 방어선을 뚫었다는 사실을 알지 못했다. 그들은 시마다의 전차를 편잡의 브렌 캐리어라고 착각했다. 그 실수는 일본군에게 우위를 제공했는데, 예상치 못한 일이었지만 일본군은 놓치지 않고 이를 이용했다. 일본군은 장갑차를 박살 내 영국군의 방어를 약화시켰다.

전차 4대가 다리 근처로 진군했고, 보병과 기계화 부대가 뒤따랐다. 하이랜더스는 더 작은 공격팀으로 나뉘어 오전 7시 30분까지 진군을 막았다. 도널드 네이피어 중위의 A중대(하이랜더스 대대)는 안도의 군대가 강을 건너 측면을 공격하려 할 때 가까스로 침투에 성공해 다리를 폭파했다. 하지만 더 북쪽의 D중대는 해체되어 숲속으로 숨어야 했다. 바로 다음 날, 아가일 및 서덜랜드 하이랜더스 부대는 겨우 94명만 남았다. 인근 고무 농장에서 이언 프림로즈 중위는 일본군이 부상당한 하이랜더스부대를 두 그룹으로 나누었다고 설명했다. 중상을 입은 사람들은 일본군에 의해 총검으로 즉결 처형을 당했다. 그들의 시신은 경상을 입은 다른 영국군 병사들이 묻었고, 그후 이 포로들은 비상용 환자 이송을 위한 바퀴 달린 들것으로 일본군 병사들을 실어 날랐다.

시릴 스토크스 중령은 시마다의 전차 부대와의 전투에서 제12인도여단을 지원하려는 계획을 세웠다. 그는 도로 양쪽으로 제5/14펀잡연대를 배치시켰는데, 예기치 않게 시마다의 화력에 맞닥뜨렸다. 스토크스 중령 역시 이 교전에서 치명적인 부상을 입었다. 그러나 다음 날 오전 8시에 시마다의 전차 부대가 제28구르카부대를 관할하는 여단 사령부에 접근해 왔기 때문에 시마다의 부대를 멈추게 하려는 그의 모든 노력은 수포로 돌아갔다.

이 돌격에 대응하기 위해 제5/14편잡연대는 146명의 병사만 차출하였다. 구르카 부대는 제12인도여단에 무슨 일이 일어났는지 전혀 알지 못했기 때문에 곧 끔찍한 피바다를 목격하게 되었다. 주력부대인 제2/2 및 제2/9구르카대대는 일본의 진격을 견뎌내지 못하고 철도 교두보를 가로질러 후퇴했다. 시마다의 전차는 마지막 대대인 제2/1구르카대대에 집결하여, 완전히 방심한 상태로 도보 이동하던 그들을 뒤에서 매복 공격했다. 지휘관인 잭 오스월드 풀턴 중령은 공격을 받고 포로가 되었으며, 그 과정에서 2개월 만에 사망했다. 공격이 너무나 파괴적이어서 제2/1구르카대대의 장교 1명과 병사 27명만이 살아남아 그다음 날이 되어서야 피해 상황을 전해줄 수 있었다.

전차는 두 개의 다리에서 연합군을 무찌른 뒤 후면에서 제11인도보병사단에 접근했다. 일본군은 다리 위에 포진하였는데, 이 위치는 약 10km 떨어진 곳에 있는 소수의 포병, 의료 및 지원 병력에 집중 공격을 가하기에 매우 전략적인 장소였다. 영국 포병대 대령 2명이 이 전투에서 사망했다. 전차에 대한 시마다의 추가 공격이 시도되었는데, 싱가포르 및 홍콩 포병 연대의 40mm 보포스 포대가 그중 하나였다. 하지만 그 어느 것도 전차의 장갑판을 뚫지 못했다. 포병대 병사들은 목숨을 건지기 위해 도망쳤다. 와타나베 중위는 기관총 사수들에게 일본군의 진군을 막는 폭발물의 전선(電線)을 끊기 위해 총을 발사하여 다리 폭발을 무력화하라고 명령했다. 다른 이야기에 따르면 와타나베가 직접 칼로 전선을 끊었다고도 한다. 그때까지 살아남은 제11보병인도사단은 슬림강을 건너 후퇴했다.

사토 도이체로 상급 생도는 97형 중형 전차 3대를 인솔하고 다리를 건너 정찰 임무를 수행했다. 사토의 부대는 그 지역으로 4km 들어간 지점에서 공격을 받았다. 제155야전포병대(왕립 포병대)는 4.5인치 곡사포 하나를 매우 정밀하게 작동시켰다. 사토는 곡사포를 파괴할 수 있었지만 다른 팀이 재빠른 판단으로 200m 떨어진 곳에 있는 그의 전차를 공격하여 남은 두 전차가 후퇴하도록 했다.

일본군은 다리를 완전히 장악한 후 몇 시간 만에 재집결했다. 그러나 제24보병연대는 대부분 자정이 가까워져서야 기갑부대와 함께 집결지에 모였다.

여파

제11인도보병사단은 7시간 동안의 전투 끝에 굴욕적

인 패배를 당하면서 많은 사상자를 냈다. 일부는 싱가포르로 돌아갔다. 나머지 병력은 말레이시아 정글에 작은 단위로 흩어져 포로가 될 위험에 처했다. 린제이 로버트슨 중령은 1942년 1월 20일에 사망했다. 구르카 병사인 나이크 나캄 구룽은 1949년 10월 말레이시아 비상사태 동안 살아 있는 채로 발견되었다. 구룽은 1942년부터 숨어 있었다.

제12인도여단은 4개 대대에서 430명의 장교와 병사들을 구출했다. 제28구르카여단은 750명의 장교와 병사를 구출하였음에도 불구하고 승자가 될 수 없었다. 이 여단은 각각 이언 스튜어트와 레이 셸비가 지휘했다. 사상자와 포로의 수는 엄청났다. 총 3,200명의 영국군이 이 어설픈 마지막 방어전에 참여할 수 없었다. 다시 말해, 영국은 2개 여단을 잃었다. 그리고 이 참담한 실패 이후 퍼시벌은 방어 전술을 긴급히 바꾸어 남쪽으로 후퇴하게 했고, 쿠알라룸푸르를 일본군의 공격에 노출시켰다.

이언 스튜어트는 전쟁 후 영국의 군사 역사가에게 이렇게 말했다.

"저는 야전포병을 일본 전차의 진격을 막기 위해 사용하지 않은 것에 대한 비판을 당연하게 받아들입니다. 변명의 여지는 없지만, 저는 대전차 방어나 이와 같은 유형의 공격을 구현하는 훈련에 참여한 적이 없습니다. 밤에 탱크를 사용하는 것은 놀라운 일이었습니다."

일본군은 영국군이 왜 그렇게 빨리 항복했는지 알아내기 위해 체포한 영국 준장을 심문한 적이 있었다. 츠지 마사노부는 그 준장의 답변을 아래와 같이 기록하였다.

"왜 준비되지 않은 우리의 위치를 공격했습니까? 우리가 해변을 방어하기 위해 정박했을 때, 당신은 정글에서 왔습니다. 우리가 육지를 방어했을 때, 당신은 바다에서 왔습니다. 적들은 서로 마주쳐야 하지 않습니까? 이것은 전쟁이 아닙니다. 후퇴하는 것 외에 다른 방법이 없었습니다."

츠지는 영국군의 입장이 말라야 전역의 모든 전투에서 똑같이 적용된다고 결론지었다.

12

게마스, 무아르,
파릿 술롱 전투

퍼시벌은 슬림강에서의 끔찍한 패배 이후 몹시 초조해
졌다. 그는 조호르가 일본군과 싱가포르 사이의 유일한
방어 지역이라고 생각했다. 그래서 그는 바투 아남(Batu
Anam)에서 무아르까지 제3인도군단과 함께 새로운 방어
선을 구축하기 위해 시간을 두고 철수를 실행했다. 이 방
어선은 호주 제국군(AIF)이 동부 해안을 지휘하는 동안
서부 해안에서 조호르를 방어하기 위한 것이었다. 호주
제국군 사령관 고든 베넷 소장은 곧 제3인도군단을 지원
하기 위해 작전에 나설 것이라고 생각했다. 그래서 그는
1941년 12월 19일에 게마스(Gemas)와 무아르(Muar) 사이
에 있는 지역으로 정찰대를 보냈다. 13일 후, 그는 제말
루앙-머싱에서 게마스로 제22호주제국여단을 이동시키
는 계획을 세웠다. 제27호주제국여단은 탐핀에서 반격할

계획이었다. 1월 4일에 베넷은 모든 연합군을 조호르에 주둔시키거나 최소한 호주 제국군 및 제3인도군단과 교대할 것을 제안했다. 퍼시벌은 두 제안을 모두 거부하고 조호르에서 연합군의 현상 유지를 고수했다.

3일 후, 아치볼드 웨이벌 장군은 미국-영국-네덜란드-호주 사령부(ABDACOM)의 최고 사령관으로서 현장을 방문했다. 그는 적어도 1942년 1월까지 북쪽의 일본군을 봉쇄하여 다가오는 영국 제18사단과 반격을 목표로 한 제1호주군단에 시간을 벌어주려고 했다. 한편, 말레이시아에서 궁지에 몰린 인도 육군 군단은 네덜란드령 동인도를 지원해야 했다. 그러나 군단의 상황을 평가한 후, 웨이벌은 휴식과 회복을 위해 조호르로 이동하라고 요구했다. 그는 베넷의 제안을 완전히 실행하기로 결정했고, 베넷을 조호르의 전반적인 방어를 지휘하는 소장으로 임명했다. 웨이벌 장군은 이것이 말레이시아의 마지막 방어선이 될 것이라고 강조했다.

1. 제3인도군단은 가능한 한 오랫동안, 아니면 적어도 1월 11일까지 적군을 쿠알라룸푸르 북부에 가두어야 했다. 그런 다음 그들은 조호르로 후퇴하여 후방을 초토화시킬 예정이었다.

2. 제8호주사단은 세가마트 레당-무아르 산 지역으로 이동해야 했

다. 여기에는 싱가포르에서 온 군대로 교체된 후 이동할 제22여단을 제외한 모든 수비대가 포함되었다.

3. 제3인도군단과 제45인도여단의 모든 건장한 병사들은 제8호주사단 남쪽에 위치한 제9인도사단을 구성할 예정이었다.

4. 조호르에 진입한 후, 제3인도군은 바투 파핫-클루앙-머싱 지역을 방어해야 했다. 그들은 제11인도사단이 휴식과 회복을 마친 후 도착하면 재편성될 예정이었다.

1월 9일과 10일에 퍼시벌은 조호르에서 연합군을 분할했다. 베넷은 바투 아남에서 무아르까지의 경계선을 담당하는 제9인도사단, 제8호주사단, 제45인도여단, 제2대대(왕립 연대) 및 지원부대(포병, 공병 및 행정병)로 구성된 서부군(西部軍)을 이끌었다. 그러나 제22여단은 제8호주사단에 동참하지 않았다. 조호르의 다른 지역은 모두 제3인도군단에 위임되었다. 여기에는 제11인도사단, 제22호주제국여단, 제2대대(제17도그라소총연대) 및 지원부대가 포함되었다. 퍼시벌은 베넷에게 "북조호르가 함락되면 싱가포르도 함락될 것"이라고 말했다.

일본군은 곧 퍼시벌에게 악몽을 안겨줄 예정이었다. 일본군 제5사단 제21연대는 송클라에 상륙했다. 제국 수비대 사단의 제5연대는 이포에 도착했다. 제18사단은 엔다우에 상륙하는 중이었다. 1월 9일에서 10일 밤, 제국 수비대 사단 제4대대는 세랑고르강을 건너 클랑을 점령하기 위해 진군했다. 1월 11일 오전 4시 30분, 연합군은 쿠알라룸푸르를 포기했다. 일본군이 그날 오후 8시에 수도에 진입하는 것을 막을 수 있는 것은 아무것도 없었다. 말레이 연방국가는 사실상 존재하지 않게 되었고, 새로운 점령 정부가 세워졌다. 그들은 연합군이 부주의하게 방치한 모든 결함 없는 보급품을 얻었다. 제9사단은 벤통을 경유하여 바하우로 향했고 1월 13일에 세가마트 방어에 합류했다.

그날 서부군 구성은 다음과 같았다.

제8호주사단

1. 제27호주제국여단(세가마트). 제2/30호주제국대대, 제2/15야전 연대와 제16대전차포대의 야전 포병대로 구성되었다. 그들은 게마스에서 서쪽으로 3마일 떨어진 주요 도로를 지켰다.
2. 게마스와 바투 아남 사이의 파야 랑 지역에 있는 제2/26호주제국군과 제29야전포병대.
3. 불로 카삽(Buloh Kasap)에 있는 제2/29호주제국군.

제9인도사단

1. 바투 아남 바로 서쪽에 있는 제1/13전방소총대대와 제29호주야 전포병대.
2. 바투 아남과 불로 카삽 사이에 있는 제2/10발루치대대.
3. 세가마트에 있는 도그라스연대 제3/17대대.
4. 제멘타-세가마트(Jementah-Segamat) 도로에 있는 제5/11시크 부대.
5. 바투 아남-제멘타와 세가마트-제멘타 교차로에 있는 제18가르왈 연대 2대대.
6. 제5/11대대와 제2/18대대 사이에 있는 제2/12전방소총연대.

제45인도여단

1. 그리세크, 판초르, 조락의 제4/9자츠연대.
2. 조락에서 무아르강까지 라지푸타나 소총 부대가 소속된 제7/6연 대. 2개 중대가 강둑에 배치되었다.
3. 제5/18가르왈소총연대는 예비병력으로 바크리에 배치되었고, 분 견대는 심팡 제람과 파릿 자와(Parit Jawa)에 분산되어 있었다.
4. 제6호주포대.

베넷은 연합군이 다시 한번 혼란에 빠졌다고 일본군이 과소평가할 가능성을 역이용하려고 했다. 그는 매복

이 일본의 진격을 막는 가장 좋은 방법이라고 믿었다. 제
3인도군단은 아무런 공격도 하지 않고 후퇴할 수 있었
다. 또한 일본군이 부주의하게 행동하도록 유도하기 위
해 다리를 폭파하지도 않았다. 제2/30호주제국군 대대는
이미 정찰을 마치고 최전선에 있었다. 그들은 게마스에
서 서쪽으로 11km 떨어진 게멘체(Gemencheh)의 켈라마
(Kelamah)강을 가로지르는 다리에서 매복을 하기로 했다.
퍼시벌은 매복 장소가 파야 랑 지구(Paya Lang Estate)의 주
요 방어 위치에서 너무 멀리 떨어져 있다는 사실 때문에
그 생각에 반대했다. 그러나 결국 그는 확신에 찬 베넷의
주장에 굴복했다.

더피(D. J. Duffy) 대위는 매복 임무를 준비하기 위해 B
중대를 인솔하였다. 그들은 다리를 수리했고, 포병대가
표적을 겨냥하기 위해 더 높은 곳에 배치되었다. 프레드
릭 갤러건(Frederick Galleghan) 중령은 이 임무에서 압박감
을 느꼈다. 그는 제2/30호주제국군 대대의 지상 사령관
이었고, 이 작전이 매우 중요해서 부대의 손에 "말레이시
아를 넘어 호주의 평판이 걸려 있다"고 생각했다.

1월 14일 새벽 4시에 몇몇 일본군이 다리에 접근했고
그 뒤를 이어 더 많은 일본군인들이 다가왔다. 모두 자전
거를 타고 있었기에, 주변의 호주 제국군에게는 그들이

전쟁 행군이라기보다는 모험대처럼 보였다. 하지만 멀리서 들려오는 엔진의 굉음에 더피는 경계태세를 취했고, 일본군 선봉대의 호송대 차량이 접근하고 있다고 판단했다. 더피는 발포를 거부했고, 적어도 200명의 적군이 건너가도록 했다. 엔진 소리는 세 대의 오토바이에서 나왔고, 그 뒤를 자전거를 탄 수백 명의 군인들이 따랐다. 더피는 선봉대가 실제로 도착했다고 판단한 후 명령을 내렸다. 귀를 찢을 듯한 폭발음이 공기로 울려 퍼졌고, 불길의 소용돌이에 병사들과 자전거가 휘말렸다. 치명적인 소총과 기관총 세례가 곧 쏟아졌다. 일본군이 자전거에서 무기를 꺼내려고 애쓰는 동안 수류탄이 땅에서 튀어올라 폭발했다. 그러나 살아남은 일본 보병들은 통신선을 발견했고, 영국군 포병대가 역할을 제대로 하지 못하도록 그것을 마비시켰다. 더피의 늦은 공격으로 인해 그 지역에 너무 많은 시체가 생겨서 B중대는 곧 압도당했다. 그들은 근처 정글과 농장으로 사라져야 했다. 켈라마 강에서 더피의 군대와 통신이 끊어진 것을 우려한 소규모 팀이 조사를 위해 파견되었다. 그리고 일본군이 다리를 수리하고 매복 장소를 점령하였다는 나쁜 소식을 접하게 되었다.

1월 15일 아침 공격은 일본군에 불리하였다. 그들의 공격은 제2/30호주제국군 대대의 강력한 반격을 받았다. 연합군 대전차 포병대는 두 대의 일본군 전차를 몰아내어 철수시켰다. 97형 전차 2대와 95형 전차 1대가 전투에 돌입했다. 그러나 그중 한 대만 작동할 수 있는 상태로 남았고, 그 전차는 나머지 손상된 전차를 포격 범위 밖으로 견인했다. 일본군은 끈기 있게 포병과 박격포 지원을 받으며 4대의 전차로 또 다른 돌격을 감행했다. 하지만 호주 제국 군대는 그들의 돌격에 맞서 일본 보병에게 포격을 가하면서 전차를 파괴하고 손상시켰다. 많은 사람이 전투에서 사망했고, 연합군은 마침내 작은 승리를 거둘 수 있었다. 갤러건 중령은 진격을 성공적으로 방해한 후 반격을 준비했다. 일본군이 예상보다 훨씬 빨리 집결할 수 있다는 보고가 곧 들어왔다. 새로운 전차가 등장하면서 제2/30대대가 전선에 남아 있다면 포위될 가능성이 높아졌다. 얼마 지나지 않아 연합군은 또 다른 문제에 직면하게 되었다. 일본군이 공중 우세를 점하면서 하늘에서 직접 연합군을 공격할 수 있게 된 것이다. 그럼에도 불구하고 D중대는 적 전차의 열렬한 대응사격에 밀려 철수하기 전까지 일본군을 계속 공격했다.

정오에 일본군은 공중 지원과 박격포 사격으로 제2/30대대를 공격하여 호주 제국군을 후퇴하게 만들었다. 게

멘체 다리(Gemencheh Bridge)와 게마스에서의 전투로 호주군 17명이 사망했다. 9명이 실종되었고 57명이 부상당했다. 일본군 사상자는 약 1,000명으로 추산되었다. 베넷은 이 결과가 연합군에게 유리하다고 보았다. 그들은 일본의 진격을 막을 수 있었을 뿐만 아니라 적을 방어 태세로 몰아넣을 수도 있었다. 라디오 싱가포르가 전쟁의 방향이 바뀌었다고 발표하면서 낙관적인 분위기가 감돌았다.

　그러나 같은 날, 일본 제국경비대 사단이 말라카에서 무아르에 접근하기 시작했다. 제65호주포병대의 25파운드 포대가 싸움에 임했다. 통신선 관련 문제로 인해 통신이 다시 끊겼기 때문에 그들의 성과는 실망스러웠다. 무아르강에는 건널 다리가 없었다. 모든 배는 북쪽 강둑에서 옮겨졌다. 하지만 이는 말라카에서 징발한 작은 삼판을 통해 접근하는 일본군을 막지 못했다. 해가 지기 전에 일본군은 남쪽 강둑에서 더 큰 배를 확보하여 강을 건너기 시작했다. 이 배들은 목적지 사이를 오가며 더 많은 병사들을 반대편으로 실어 날랐다. 이러한 움직임은 감지되지 않았고, 1월 16일에 일본군 제5연대(제국경비대 사단)는 제7/6라지푸타나소총연대의 한 중대를 무너뜨렸다. 그들은 북쪽 강둑에 있는 중대들과의 모든 통신을 끊고 그쪽 지역에서 완전한 항복을 얻어냈다. 정오 무렵,

일본군 제4연대는 바크리로 가는 길과 무아르를 공격했다. 포격으로 인해 일본군이 도시를 건너는 것은 불가능했지만, 제5연대가 상류에서 진군하면서 연합군의 위치가 위협을 받았기 때문에 이것은 결코 승리는 아니었다. 이어진 전투로 라지푸타나소총연대는 끔찍한 혼란에 빠졌다. 일본군이 소총연대의 지휘관과 많은 장교를 죽이자 더 이상 작전을 수행할 수 없었다. 희망이 보이지 않자 그들은 바크리로 가기 전 파릿 자와로 향했다.

오전 11시에 일본군은 가르왈 소총대를 조준하고 있었다. 전투가 시작된 지 2시간 만에 가르왈 소총대는 지휘관을 잃었고, 직속 후임자는 후퇴를 선언했다. 적의 도하(渡河)를 알게 된 제4/9자츠연대는 판초르-무아르 경로를 방어하기 위해 이동했다. 제65포병대는 일본군을 공격한 지 몇 시간 후인 오후 8시 30분에 바크리로 돌아왔다. 하구를 방어하는 부대가 더 이상 없게 되자, 일본 제국경비대 사단은 1월 17일에 무아르를 점령하기 위해 이동했다.

이제 위협적인 위치에 처한 일본군은 연합군에 대해 큰 주의를 기울였다. 제45여단은 바크리에 본부를 두고 있었고, 이제 일본군의 시야에 들어왔다. 일본군이 바투 파핫에 다시 상륙해 여단을 뒤에서 공격할 위치에 있다는 보고가 곧 나왔다. 1월 16일에 베넷은 제2/29호주제국군을 대전차 포대 및 장갑차와 함께 무아르로 보내기로 결정했다. 싱가포르에서 퍼시벌은 새로 도착한 제53여단을 아예르 히탐(무아르)에 배치했는데, 노픽(Norfolks) 연대 제6대대가 펠란독과 벨라 힐스 사이의 능선을 지키고 있었다. 케임브리지셔(Cambridgeshires) 연대 제2대대는 바투 파핫을 지키라는 명령을 받았다. 제말루앙의 제2/19호주제국군은 무아르로 파견되었다. 그 자리에는 노픽 연대 제5대대가 들어섰다. 제53여단은 경험 부족이라는 틈을 메우기 위해 새로운 사령관을 영입했다. 오크스(R. F. Oakes) 소령이 3명의 장교 및 더 많은 상급 부사관과 함께 그 역할을 맡았다. 제2/29대대는 1월 17일 오후에 바크리에 도착했다. 그들은 다음 날 심팡 제람을 점령하려고 했다. 하지만 저녁 7시에 그들과 일본 전방 부대 사이에 전투가 벌어졌다. 그리고 같은 날 밤, 제5/18가르왈소총대는 교란적인 매복 작전에 휘말려 바크리로 돌아가야 했다. 그들은 파릿 자와에서 진지를 재탈환하기 위해 행군했다.

일본군 역시 게마스-세가마트 지역에서 제2/30호주제국군을 공격하기 시작했다. 오른쪽 측면의 강렬한 공격으로 인해 그 대대는 바투 아남으로 밀려났다. 정오 무렴, 제2/30대대는 일본군에게 최전선을 빼앗겼고, 바투 아남과 용평(Yong Peng) 사이의 도로와 마을은 일본 공군의 집중 포격을 받았다.

1월 18일 오전 6시 45분, 95형 하고(Ha-Go) 전차 5대가 파릿 자와-바크리 교차로에 봉쇄된 도로가 있는 현장으로 들어왔다. 그 전차부대의 지휘관은 구탄다 시게오 대위였는데, 슬림강에서의 성공을 반복하는 데만 급급해서 보병 지원 없이 나타났다. 과신이나 오만함이 그의 허를 찔렀는데, 2파운드 대포가 그의 모든 전차에 심각한 타격을 입혔다. 3대의 전차가 지원을 위해 도착했으나 연기 자욱한 잔해 속에 잇대어 줄을 서 있을 뿐이었다. 뒤따라 도착한 일본 보병들은 영국 방어선을 뚫을 수 없었다. 같은 날인 1월 18일 아침, 제2/19호주제국군이 연합군을 지원하기 위해 바크리에 도착했기 때문이다. 오전 4시, 한 장교가 제45여단 본부에 도착하여 제4/9자츠 연대의 위치를 알렸다. 6마일 떨어져 있었음에도 불구하고, 자츠연대는 1월 19일까지 바크리 방어나 그에 따른 반격에 참여할 수 없었는데, 바로 그날 연합군이 일본이 승리할 가능성을 막기 위해 모든 산을 오르고 있었던 것이다.

전쟁이 시작되고 42일이 지난 월요일, 많은 여단, 연대,

사단이 조호르의 활동 지역 전역에 투입되었다. 키(B. W. Key) 소장은 제15여단을 바투 파핫으로 보냈다. 제5대대(노픽 연대 소속)는 아이르 히탐으로 경로를 변경했다. 퍼시벌은 제53여단을 지원하기 위해 왕립 연대의 제2대대를 투입하기로 결정했다. 그리고 45여단은 용평 서쪽으로 진군했다. 그러나 결정적으로는 모든 방위군이 세가마트에서 철수한다는 방침이었다. 호주 제국군 제2/19대대는 바크리-무아르 도로를 따라 고지를 탈환하기 위한 공격을 감행했다. 그러나 대대 보급 중대가 파릿 자와의 공격 소식을 전했다. 보급 중대는 방어선 뒤의 도로를 막으려고 했다. 브렌 캐리어 부대가 투입되었지만 장벽을 통과할 수 없어서 막지 못했다. 그리고 오전 10시, 일본의 공습이 제45여단 본부를 강타하여 거의 모든 참모들이 사망하고 암호책들(Codebooks)이 불태워졌다. 허버트 던컨 준장은 엄청난 충격을 받아 전투에 나설 수 없게 되었다. 교체된 앤더슨 중령은 제2/29대대의 전출 명령을 받았지만 제4/9자츠부대가 도착할 때까지 전출하지 않았다. 대대는 지연에 대한 고통스러운 대가를 치렀다. 제4/9자츠부대가 지정된 위치에 도착했을 때, 제2/29대대는 6명의 장교와 200명의 전투원만이 남아 있는 상태로, 전멸 직전이었다.

그 무렵, 부킷 펠란둑(Bukit Pelanduk)은 해안선에서 노퍽 연대 소속 제6대대를 제압한 일본군에게 함락되었다. 이는 바크리에 있던 연합군을 궁지에 몰아넣었다. 제53여단이 1월 20일에 일본군을 격퇴하기 위해 파견되었다. 제3/16편잡연대의 2개 중대가 여전히 영국군이 점유하고 있는 부킷 벨라를 급습했다. 그러나 끔찍한 사건이 벌어졌다. 노퍽 연대 제6대대가 이들을 적으로 오인하고 아군에게 사격을 가한 것이다. 혼란에 빠진 연대는 이후 일본군의 매복 공격을 받으며 추가 피해를 입었다.

헨리 무어헤드 중령이 최후를 맞이한 곳도 바로 그곳이었다. 그는 부킷 푸투스(Bukit Putus)를 잃는 것을 마지막으로 바라보며 자신의 피로 물든 땅에 쓰러졌다. 일본군은 노퍽 분견대가 파릿 술롱(Parit Sulong)의 다리를 포기했을 때 추가적인 이득을 얻었다. 노퍽 분견대는 모든 통신이 두절되었다고 생각했고, 그 끔찍한 가정에 대한 큰 대가를 치렀다. 일본군이 다리를 점령함으로써 영국의 후퇴선을 차단했기 때문이다.

앤더슨은 상황이 무너지는 것을 보고 부하들을 또다시 실망스러운 후퇴의 길로 인도하였다. 그들은 파릿 술롱을 향해 5마일을 이동해야 했다. 키간 대위는 전선(戰線)을 따라 늪 근처에서 일본군의 방어벽으로 보이는 곳에서 멀지 않은 곳에 매복했다. 이 교전은 앤더슨이 뒤로 몸을 숙여 적을 제압하면서 근접 전투로 번졌다. 그는 수류탄을 던질 기회를 만들어 장벽을 넘었고, 또 다른 방어벽을 향해 끈질긴 노력을 기울였다. 영국군은 꼼짝 못 하게 갇힌 채 후방에 있는 사람들과 싸웠다. 던컨 준장이 이 전투에서 사망했다. 밤이 되자 연합군은 공군의 먹잇감이 되지 않기 위해 공터에 숨어 지냈다. 앤더슨은 이때 그들이 파릿 술롱의 다리를 잃었음을 알게 되었다.

그것은 실망스러운 타격이었고, 다음 날 아침 그들이 다시 매복 공격을 받았기 때문에 잊을 수 없는 일격이기도 했다. 120명이 퍼붓는 무서운 파상공격이 그들을 바쁘게 만들었고, 전차가 25파운드 포를 마주보며 굴러갔다. 오전 9시 30분에 앤더슨의 부하들은 파릿 술롱에 접근하여 마을이 이미 일본군의 거점이 되었음을 확인했다. 전차 주변에서 작업하는 동안 그들은 공습의 위험에 처했으나 그들의 사기는 지원군이 오고 있다는 것을 알게 되면서 새로운 희망으로 차올랐다. 오전 11시에 영국령 인도군이 서쪽에서 다리에 있는 일본군 진지를 공격했다. 2개 중대가 파릿 술롱을 공격했고, 모든 부대가 심팡 키리(Simpang Kiri)강 북쪽 기슭에 도착했다. 박격포 팀은 후방 공격을 피하기 위해 활동을 중단했다. 항공에서의 우세는 일본군에게 궁극적인 우위를 제공했다. 오후 5시에 카힐(R. I. Cahill) 대위와 브랜드(V. Brand) 대위가 제2/19 및 제2/29대대의 의료팀을 대신해서 연설했다. 그들은 죽어가는 병사들을 태운 구급차 두 대가 다리를 건널 수 있도록 앤더슨이 일본군과 협상할 것을 제안했다. 앤더슨은 의료팀이 이 무자비한 정글에서 살아남을 희망이 없는 사람들을 위해 노력하는 것을 지켜보고 있었다. 희망의 빛은 점점 사라져가고, 대전차 포대는 일본 전차를 제압할 때까지 여전히 뒤쪽에서 공격을 받았다.

앤더슨은 공습을 요청하기 위해 동분서주하였다. 보급품이 줄어들고 있었고 박격포와 25파운드 포의 탄약이 바닥나고 있었다. 그는 베넷에게 아침에 파릿 술롱에 보급품이 공수될 때 다리 위의 일본군 진지를 폭격해 달라고 요청했다. 1월 21일, 앤더슨은 다리로 구급차 두 대를 보내 통행 허가를 요청했지만 일본군은 항복을 요구하면서 거부했다. 앤더슨은 항복하는 것보다는 차라리 죽는 편이 낫다고 생각했다. 일본군은 골치 아픈 이 문제에 대처하기 위해 구급차가 제자리에 머물도록 요구했다. 그러나 해가 지면서 운전사들은 명령을 따르지 않고 돌아왔고, 현장은 사격장으로 변했다.

다음 날 아침, 베넷은 페어리 알바코어 항공기 2대와

버팔로 항공기 3대를 가지고 앤더슨의 진지 위로 구출을 위한 공수 투하에 나섰다. 동시에 공군 부대는 다리에 있는 일본군 진지를 폭격했다. 그러나 공습은 비효율적이었다. 일본군이 여전히 버티고 있었기 때문이다. 이에 대응하여 적군의 전차가 뒤에서 그들을 공격하기 시작했다. 남쪽의 포위를 뚫으려는 시도는 모두 실패했고, 베넷은 앤더슨에게 후퇴 허가를 전달했다. 그래서 앤더슨은 다리 지역을 정찰하기 위해 1개 중대를 보냈다. 오전 9시, 포대와 차량을 부순 후, 앤더슨은 동쪽으로 철수했다. 150명의 부상병들은 함께 머무르기를 자원하는 지원병과 함께 버려져야 했다. 그들은 정글과 늪을 지나 소규모 그룹으로 용평을 따라 내려갔다. 그들이 겪은 공포는 다음의 통계로 요약될 수 있다. 4,000명의 병력이 출정했으나, 돌아올 때는 겁먹은 호주군 500명과 인도군 400명밖에 없었다.

부상병들은 지원병들과 함께 완전히 항복했다. 일본군은 걸을 수 없는 사람들을 강제로 움직이게 했다. 모든 수단을 동원해 엄청난 폭력을 행사한 후, 그들은 포로들을 모아 심문도 없이 한꺼번에 묶었다. 어리숙한 사람도 교활한 그들의 의도를 파악하는 것은 어렵지 않았다. 일본군은 먼저 포로들을 전선으로 묶어 무아르-용평 간 주요 도로를 건너는 짧은 보행을 하게 했는데, 거기에 있는 또 다른 다리에는 기관총 부대가 있었다. 그들의 이야기는 그곳에서 끝났다. 일부는 자동화기의 잔혹함에서 살아남았지만, 일본군이 연합군의 비축물에서 압수한 가솔린을 뿌려 산 채로 불태웠기 때문에 살기를 희망하는 그들의 기도는 끝내 이루어지지 않았다. 포로들의 시체를 쌓아놓고 트럭이 그 위를 스포츠를 하듯 달렸다. 지역 주민들은 몇몇 포로들이 다리에 묶여 있던 장면을 기억했다. 누구는 머리에 총을 맞고 쓰러지고, 또 다른 누구는 강에 빠져 죽었다.

물론 운 좋게 탈출한 사람들도 있었다. 호주군 중위 벤 해크니, 상사 론 크로프트, 사병 레지날드 워튼은 영국군과 함께 급히 빠져나가 지역 주민의 도움을 받았다. 이후 크로프트는 어느 시점에 사망하였고, 해크니와 워튼은 태국-버마 국경에서 다시 붙잡혀 죽음의 철도(Death Railways)[1]에서 일했다. 두 명의 인도 군인, 랜스-하빌다 존 베네딕트와 공병 페리아사미는 탈출 기회를 얻었다. 그들의 이름은 역사의 기록에 중요한 의미를 가지게 되

---

1 태국-버마를 연결하는 철도로서 1942년 10월부터 1943년 10월까지 연간 약 150만 명의 인부들이 동원되었으며, 건설 과정에 많은 사상자가 발생하였다(111만 6,000여 명 사망).

는데, 전쟁 후반에 상황이 뒤바뀌자 그들은 자신과 전사한 전우들을 위해 복수했다. 해크니, 베네딕트, 페리아사미는 1950년 전쟁 범죄 재판에 증인으로 참석해 니시무라 다쿠마 장군의 운명을 결정지었다. 패배한 장군은 제국 근위사단의 사령관이 되었지만 파릿 술롱 학살에 가담한 혐의로 유죄 판결을 받고 사형을 선고받았다.

무아르 전투는 1942년 1월 23일, 살아남은 제45인도여단이 제2/19, 제2/29호주제국군대대와 함께 도착하면서 갑작스럽게 끝났다. 그들은 이후 용평으로 향했다. 일본은 이를 압도적인 승리라고 주장하지 않았다. 야마시타 자신은 이 전투가 끔찍했으며 일본이 전쟁 내내 겪은 전투 중 최악이었다고 말했다. 무아르 전투만으로도 전차 중대 전체를 잃었다. 거의 한 대대가 전투에서 사망하거나 부상을 입었다. 연합군은 준장과 4명의 대대 지휘관을 포함하여 3,000명을 잃었다. 앤더슨은 그 용맹과 리더십에 대해 빅토리아십자훈장을 받았다. 영국이 아무리 완강하게 지연시키거나 부인하더라도 패배는 분명했다. 연합군은 바투 파핫-클루앙 머싱 방어선을 방어할 요새가 전혀 없었다. 퍼시벌은 수석 공병의 요청에도 불구하고 이러한 접근 방식이 사기를 해치지 않기 위한 것이라고 생각했다. 이 때문에 일본군은 방해받지 않고 진격할 수 있었다. 제5/11대대는 1월 25일 클루앙에서 반격을 시작했다. 제2/18호주제국군대대는 그 후 니스데일 부지를 매복 공격했다. 이러한 업적으로 동부군은 머싱으로 가는 안전한 길을 얻었다. 1월 31일 연합군은 싱가포르로 철수하며 일본군이 쉽게 진입할 수 없도록 다리를 파괴했다.

13

엔다우 전투

1942년 1월 20일, 일본 해군 전투 호송대가 영국의 지역 거점을 위협할 수 있는 가장 치명적인 함선 몇 척과 함께 기세등등한 대형으로 캄란만을 출발했다. 센다이 경순양함 1척, 구축함 6척, 기뢰 제거함 5척, 대잠수함 3척, 순찰선 4척과 함께 11척의 병력 수송선이 항해했다. 순양함 옆에 있는 두 척의 병력 수송선(간사이 마루와 간베라 마루)이 동부 해안을 따라 일본의 진격을 지원하기 위해 진군했다. 이 호송대는 머싱에 도착할 예정이었지만, 이 도시에서 영국의 완강한 방어가 있어 1월 21일에 일본군에 함락된 엔다우로 방향을 틀었다. 그곳에서 제96 공군기지대대는 카항과 클루앙에 일본 제국 공군을 위한 비행장을 만들기 위해 폭격을 시작했다.

말레이시아 사령부는 호송대의 이동을 예측했다. 그리

고 1월 26일, 2대의 호주 공군 소속 허드슨 항공기가 오전 7시 45분경 엔다우에 접근하는 것을 감지한 후 확인했다. 그러나 무선 간섭으로 인해 잠시 지연이 발생하여 싱가포르는 오전 9시 20분에야 이를 알게 되었다. 영국 공군은 그들이 동원할 수 있는 모든 전력으로 호송대를 공격하기로 결정했다. 21대의 구식 비커스 빌데비스트(Vickers Vildebeest)와 제36 및 제100비행대의 페어리 알바코어(Fairey Albacore) 3대, 그리고 호주 공군 소속 제1 및 제8비행대의 록히드 허드슨 9대도 있었다. 공격은 제36 및 제100비행대가 전날 밤의 임무에서 회복할 시간을 주기 위해 정오까지 미뤄졌다. 비행대는 낮 동안 빌데비스트 복엽기를 사용하는 것을 선호하지 않았다. 그 모델은 황금기를 지나 보냈고, 특히 현대식 요격기가 가득한 공역(空域)에서는 더 이상 유능한 항공기가 아니었다.

그럼에도 불구하고, 12대의 빌데비스트, 9대의 허드슨, 12대의 버팔로, 9대의 허리케인이 공격을 시작하였다. 일본군이 상륙을 시작한 지 4시간 후인 오후 3시에 공격대는 엔다우 상공을 날아 일본군 제1, 제11항공전대의 Ki-44 한 대와 19대의 Ki-27 나카지마 전투기를 마주쳤다. 그리고 곧 잔혹한 공중전이 시작되었다. 연합군은 병력 수송선 2척과 구축함 2척을 폭격하여 보병들과 장비를 해변으로 흩어버렸다. 그러나 비행 중대장인 이언 롤랜드가 타고 있던 기체를 포함해 총 5대의 빌데비스트가 격추되었다. 일본군은 Ki-27 1대를 잃었다.

오전 4시 15분에 9대의 빌데비스트와 3대의 알바코어가 또 다른 파상공격을 통해 일본군을 강타했다. 계획상의 결함으로 인해 제232비행대대 소속 허리케인 7대와 버팔로 4대 등 호위대의 출격이 지연되었다. 비난할 만한 실수로 인해 두 번째 파상공격에서는 Ki-27 10대 및 Ki-44 2대와 맞서 소기의 성과를 거두지 못했다. 일본군은 허리케인 1대, 알바코어 2대, 빌데비스트 5대를 격추했다. 또 다른 비행대 지휘관 R. F. C. 마컴은 실종되어 레이더에서 사라졌다. 팔렘방에 있는 영국 공군 제62비행대의 허드슨 6대가 호위 없이 공격을 받다가 대응도 못 하고 2대를 잃었다. 브리스톨 블렌하임 5대가 팔렘방에서 이륙하여 일본군을 맞이했다. 하지만 날이 어두워져가고 있었기 때문에 곧 싱가포르로 돌아갔다. 공군들은 목표물을 명중했다고 주장했다. 그러나 간베라 마루와 간사이 마루는 일본의 계획을 잠깐 멈추게 할 정도의 최소한의 피해만 입었다. 그들은 계속해서 나아갔고, 여러 파상공격으로 인해 죽은 8명을 위해서도 거의 눈물 흘리지 않았다. 의심할 여지없이 사망한 8명 전원은 영웅으로 여겨졌으며, 부상자 명단에 있는 18명도 마찬가지였다. 그러나 연합군은 조종사와 승무원 27명을 잃었다. 다행히도 7명은 부상을 입지 않고 탈출했다. 하지만 조종사 2명이 일본군에게 포로로 잡혔다.

영국 해군은 타넷함(HMS Thanet)과 뱀파이어함(HMAS Vampire)에 일본 호송대를 공격하는 임무를 맡겼다. 구축함은 오후 4시 30분에 싱가포르를 출발하여 15노트의 속도로 스리부섬으로 이동하여 일본군의 존재 여부를 조사했다. 그들은 새벽 2시에 도착하여 아무것도 찾지 못했다. 엔다우로 항해를 시작한 지 37분 후, 뱀파이어함은 우현에서 파도를 타고 항행하는 일본 구축함을 발견했다. 모든 승무원은 경계 태세를 취했고, 적에게 발견되지 않았음을 확신할 때까지 숨죽인 채로 기다리다 긴장을 놓았다. 윌리엄 모란(William T. A. Moran, RAN) 사령관은 엔다우로 항해를 계속했지만, 3분 후 일본 해군의 W-4 소해정[1]을 발견했다. 뱀파이어함이 600m 거리에서 어뢰 2발을 발사했다. 그러나 두 어뢰 모두 표적에 맞지 않았고, W-4는 다른 함정에 경보를 발령했다.

달빛이 짙은 구름 뒤로 가려져 아슬아슬한 상황이었다.

---

1 기뢰를 찾아서 제거하는 배.

뱀파이어함과 타넷함은 오전 3시 13분에 일본 추격자들을 돌파하며 전속력으로 남동쪽으로 항해했다. 5분 후, 두 군함은 좌현에 구축함 시라유키가 나타나자 작전에 들어갔다. 모란 사령관은 타넷함에 사격 준비 명령을 내렸다. 어뢰가 타넷함을 떠났고, 뱀파이어함이 세 발을 더 발사했으나 시라유키를 맞추지 못하고 지나갔다. 어뢰가 간신히 빗나가자 오전 3시 31분에 시라유키가 대응했다. 그 구축함은 센다이, 아사기리, 후부키, 유기리, W-1에 상황을 알렸다. 타넷은 일본 군함 포대와 너무 가까이 있어서 불리한 입장에 처했다. 타넷은 교전 중에 세 발을 쏘았지만, 오전 4시 정각에 일본 포대가 쏜 포탄이 엔진실을 명중하여 배가 마비되면서 전투는 짧게 끝났다. 포탄은 증기 시스템에 치명적인 타격을 입혔다. 전력이 공급되지 않은 채로 있던 타넷함은 귀를 찢는 폭발로 인해 더 큰 위험에 처했다가 완전히 작동 불능이 되었다. 뱀파이어함은 승무원을 구하기 위해 연막을 치려고 시도했지만 아마기리와 하츠유키의 집중 포화로 인해 그러한 시도는 위험하고 불가능했다. 타넷함은 오전 4시 15분에 물속으로 가라앉았다. 전투가 번개처럼 너무나 치열해서 일본 함선들조차 서로에게 피해를 입힐 정도였다. 그리고 뱀파이어함은 사정거리에서 빠져나와 6시간 후 싱가포르에 안전하게 귀항하였다. 96명의 타넷함 선원이 침몰에서 살아남았다. 그러나 31명은 엔다우의 지상군으로 향하는 시라유키에 실려 갔다. 그들에 대한 소식은 다시는 들리지 않았고, 예상대로 머싱에서 호주제국군 제2/18대대의 매복에 대한 보복의 일환으로 처형되었다. 조타수 버나드 데이비스 중령을 포함한 65명의 승무원이 뭍으로 상륙하여 육로를 통해 싱가포르로 돌아갔다.

호주군은 머싱을 방어하면서 다가올 현실에 대해 생각했다. 당시 일본군은 특히 엔다우에 더 많은 병력을 상륙시키면서 상상할 수 없는 수준으로 비대한 세력을 형성했다. 무아르의 연합군은 지난 몇 달 동안 생각지도 못한 패배를 겪으며 무너졌다. 이 놀라운 상황의 전환에 필연적으로 따라야 할 분명한 선택은 1941년 12월 25일에 일어난 싱가포르로의 전면 후퇴였다.

나카지마 Ki-44 전투기

14

계획상의 결함

　말라야는 세계 고무 공급의 40%를 생산하는 경제적
보루였다. 또한 세계 주석(朱錫) 시장을 지배했다. 이 귀
중한 상품은 일본이 말라야를 끝없이 갈망했던 이유
를 설명한다. 1941년 3분기에 말라야는 미국에만 무려
137,331톤의 고무를 수출했다. 물론 말라야에는 일본의
수요를 충족시킬 만큼의 석유가 없었다. 일본 제국 해군
은 완전한 전쟁 준비 상태를 유지하기 위해 작전 시간마
다 400톤의 석유를 공급했다. 하지만 일본이 핵심적으
로 원한 것은 석유가 풍부한 보르네오, 수마트라, 자바로
본격적으로 진출할 수 있는 전략적 · 지정학적 위치였다.
당시 말라야에는 450만 명의 사람들이 있었는데, 이 주
제에 있어서 우리는 단기간에 일본이 성공할 수 있었던
모든 요인을 살펴볼 것이다.

영국군의 준비

"말라야 사령부의 참모총장으로서, 나는 그 당시 말라야 국민 대부분이 방어에 별로 관심이 없다는 것을 깨닫기 전까지는 어느 정도 중요한 인물이 될 것으로 기대했다. 국민 전체가 방어에 관심이 없는 것도 당연한 일이었다. 100년 이상 말라야에 전쟁이 없었는데, 설마 미래에 전쟁이 일어날 거라고 생각이나 했을까?"

윌리엄 도비 소장의 참모총장 임무를 맡으면서 퍼시벌은 바로 이런 안일한 모습을 보였다. 도비는 1936년에 영국군 말라야 사령관으로 재직했다. 이러한 평가는 수년간의 체계적이고 세세한 관리를 통해 취해진 런던의 느슨한 조치를 반영한 것이다. 그 근거는 런던이 전쟁성을 통해 현장에 있는 사람들이 이행해야 할 정책을 제정한다는 것이었다. 퍼시벌과 도비는 전쟁성의 명령에 따라 싱가포르의 방어망을 지원하기 위해 거기에 있었다. 준비 조치 외에도 영국 정부 내부에는 전쟁에 대한 의지가 부족했고, 이는 말라야와 그 주민들 사이에서의 제국적 지휘에 영향을 미쳤다. 간단히 말해서 아무도 전쟁을 진지하게 생각하지 않았다.

로버트 브룩-포팜 경은 공군 최고 원수로서 이 문제를 제기했다. 말라야는 다우닝가¹가 신경 쓸 수 없을 만큼 멀리 떨어져 있었다. 영국 정부는 예상대로 영국 본토의 안전을 우선시했고, 대서양과 중동에서 싹트고 있는 갈등이 그 뒤를 이었다. 말라야는 이러한 문제들 때문에 우선순위에서 밀려났다. 영국 정부는 러시아, 이란, 이라크에 더 많은 관심을 기울였기 때문에 말라야는 아마도 머릿속에 떠오르지 않았을 것이고, 우선순위의 훨씬 아래에 있는 '극동'이라는 피상적인 존재로 인식되었을 것이다.

브룩-포팜 경은 일본 제국과의 전쟁을 무슨 희생을 치르더라도 피하려는 영국 정부의 공식적인 정책에 격노했다. 전쟁을 피할 수 없다면, 말라야 방위 책임은 영국 해군이 도착할 때까지 극동 사령부에 있었다. 그때까지 그들은 가능한 모든 병력을 공중, 지상, 해상에서 투입하여 일본을 물리쳐야 했다. 브룩-포팜은 전쟁에 나선 모든 군사의 지휘관으로서 자신의 입장을 받아들였다. 그 역할을 수행하기 위해 그는 1941년 1월에 336대의 신형 항공기를 요청했으나, 이는 그에게 경멸만을 안겨주었다.

---

1 '다우닝가(Downing Street)'는 영국 총리와 재무부 장관 등 주요 인물들의 공식 저택이 있는 곳으로 영국 정부를 에둘러 비유할 때 쓰이는 말이다.

그는 상황에 대해 서두르지 말라는 말을 들었다. 그리고 그는 일본군이 그런 행동을 할 수 있다고 능력을 과장하지 말라는 말을 들었다.

상한선, 한계, 극단에 갇힌 브룩-포팜은 영국의 정책에 따라 전쟁 준비 상황을 조정했다.

- 어떠한 대립도 피하는 동시에 일본군에게 극동에서 영국의 방어력이 무적임을 보여준다.
- 새로운 군사 장비 취득뿐만 아니라 공군을 통해 극동 방어를 강화한다. 사령부는 이 지역의 모든 영국 보호령과 협력해야 한다.
- 영국 육군, 왕립 공군, 왕립 해군, 그리고 물론 말레이시아의 지방 정부 간의 원활한 협력을 보장한다.
- 일본이 그 전역(戰域)에 남을 수 있도록 일본과의 싸움에서 중국을 지원한다.
- 이 지역의 안전을 위해 네덜란드 및 미국과 협력한다.

"모든 주요 지출에 대해 승인을 받아야 했고, 사용 가능한 자금이 부족했기 때문에 요구 사항이 종종 크게 삭감되었습니다. 따라서 말라야 총사령관(G.O.C.)은 스스로 결정할 수 있는 일에 있어 엄격하게 제한을 받았고, 프로젝트에 대해 전쟁성의 승인을 먼저 받고, 그다음에 견적을 받고, 마지막으로 계약을 해야 했기 때문에 지연이 발생했다는 것을 쉽게 이해할 수 있을 것입니다."

브룩–포팜은 국방비 삭감이라는 관료주의적 재앙에 대해 언급했다. 그것은 영국이 적절한 방어를 하지 못하게 막는 큰 결함이었다. 그는 또한 영국이 왕립 해군에 지나치게 의존했으며, 함대가 한두 달 안에 동남아시아에 도달할 수 있다고 굳게 믿고 있다고 말했다.

"이 주둔군은 지극히 작아 보였지만, 말레이시아에 있는 우리 수비대의 힘은 다른 해외 지역과 마찬가지로 위협받는 즉시 영국의 주요 함대가 말레이시아 해역으로 항해할 것이라는 가정에 근거했으며, 따라서 다른 군의 역할은 함대가 도착할 때까지 요새를 지키는 것뿐이었습니다. 이는 불과 몇 달 정도의 문제일 것입니다."

그런 다음 퍼시벌은 다른 여단을 이끌기 위해 영국으로 소환되었다. 떠나기 전에 그는 북부 말라야에서 일본의 개입 가능성에 초점을 맞춘 보고서를 제출했다. 보고서는 런던의 전쟁성에 도착했다. 다음은 보고서의 일부 발췌문이다.

"1937년 11월, 저는 연말에 말라야를 떠나 영국으로 돌아가 올더숏

사령부의 여단 사령관으로 근무하라는 명령을 받았습니다. 저는 도비에게 일본의 관점에서 싱가포르 공격에 대한 진단과 계획을 작성할 수 있도록 허락을 요청했습니다."

퍼시벌은 40개월 후 말라야 총사령관으로 돌아왔다. 그는 많은 변화가 있기를 기대했지만 예상과는 달랐다.

"전투기가 전혀 없었던 곳에 전투기가 생긴 것은 사실이지만, 영국 본토 항공전(Battle of Britain)에서 현대식 최신 전투기의 중요성을 목격했기 때문에 우리 전투기가 다른 곳에서는 전투에 사용된 적이 없는 모델, 즉 미국에서 건조한 브루스터 버팔로라는 말을 들었을 때 별로 만족을 느끼지 못했습니다."

일본군의 준비

일본군은 영국군을 붕괴시키기 위해 신중하게 세부 계획을 세웠다. 이런 특수한 작전을 담당한 부서는 1941년 초 중국에 주둔한 40만 명의 일본 원정군 중 한 명이었던 츠지 마사노부 대령을 찾았다. 츠지는 타이피스트와 서기 30명으로 구성된 대만의 육군 연구 부대 82과에 합류하라는 지시를 받고 충격을 받았다고 고백했다. 그러나 그의 임무는 좀 더 비밀스러운 것으로 밝혀졌다. 도쿄의 일본 육군 사령관들은 그를 높이 평가하고 그의 독창성에 확신을 가지고 있었다. 그들에게 츠지는 남쪽으로 진출하려는 일본의 길을 여는 건축가로서 남진론(南進論)의 키를 잡아야 했다.

우선 츠지는 경험이 풍부한 일본 육군을 정비하기 위한 변형 계획을 실행했다. 이 병사들은 중국과 시베리아에서 격전을 치른 병사들이었다. 그러나 그러한 지리적 조건은 동남아시아에서 수행할 임무와 전혀 비교할 수 없었다. 따라서 그는 첫 번째 단계로 열대 기후에 적합한 훈련을 시행했다. 유일한 장애물은 최고사령부의 무리한 요구였다. 그에게는 시간이 6개월밖에 없었고, 그것은 군단 행정, 무기, 목표, 관리, 위생, 공급, 점령지 행정, 전술 전략 및 지리에 관한 모든 필요한 노하우를 갖추기에는 너무나 짧은 시간이었다.

츠지는 어떤 건축가도, 심지어 시베리아와 만주에서 일본 작전을 담당한 사람들조차도 한 번도 해본 적이 없는 일을 해냈다. 이러한 지리에서는 일반적으로 계획에 10년의 시간을 투자했다. 동남아시아는 새로운 세계로의 극단적인 전환점이었고, 구체적인 내용을 담은 신선한 아이디어가 필요했다. 츠지는 모든 것을 6개월 안에 다시 완성해야 했다. 그는 지역 주민들을 모아 정보를 축적했다. 대만대학의 교수진이 열대성 질병과 위생에 대해 브리핑했다. 그는 말레이 반도와 네덜란드령 동인도에서 바다를 용감히 헤치고 바람과 날씨에 맞서 싸운 선장들로부터도 정보를 수집했다. 그는 마지막 세부 사항까지 주의를 기울였는데, 상륙 단계에서 발아래의 골칫거리가 될 수 있는 산호초까지도 놓치지 않았다.

츠지는 주변 환경이 동남아시아와 비슷한 하이난에서 이러한 이론적 전제를 탐구했다. 그는 상륙 작전을 실행해야 했을 뿐만 아니라 무너진 다리와 도로가 있는 전 노선에 걸쳐 전투 시뮬레이션을 통해 1,000km의 행군을 완료해야 했다. 츠지는 일본 해군과 일본 육군 제23군을 데리고 상륙부터 시작하는 다단계 합동 훈련에 돌입했다. 그의 공병들은 일본군이 극도로 완벽한 계획을 실행할 수 있도록 계속해서 다리를 재건했다.

1940년 12월, 일본이 삼국 동맹[2]에 서명한 지 몇 달 후, 야마시타가 이끄는 일본 해군과 일본 육군의 40인 대표단이 현장 연구를 위해 독일을 방문했다. 헤르만 괴링은 야마시타를 독일 점령하의 프랑스로 데려갔고, 그곳

---

2 독일, 이탈리아, 일본 간 동맹. 소위 '추축국 동맹'이라고도 하며, 미국, 영국, 소련이 이끄는 연합국 진영에 대항했던 3개국 간의 군사동맹.

에서 메서슈미트 항공기가 영국 해협을 가로질러 영국의 스피트파이어 전투기와 교전하는 것을 보여주었다. 야마시타의 대표단은 로마에 들러 베니토 무솔리니를 만났다. 그리고 방문이 끝날 무렵, 일본은 전격전에 대해 배울 수 있는 모든 것을 알게 되었다.

츠지는 일본 육군과 해군이 각각 2억 4천만 갤런과 9억 7천만 갤런의 가솔린을 보유하고 있다는 사실을 발견했는데, 이는 소련과 1년 동안 싸울 수 있는 양이었다. 유일한 대안은 과거 중국과 만주에서 싸우기 위해 취한 계획과는 완전히 다른 계획으로, 남쪽으로 진군하여 말레이 반도와 네덜란드령 동인도를 점령하는 것이었다. 그는 해상 경로를 통한 대규모 물류 네트워크를 조직했는데, 이는 일본이 그러한 원정에 착수한 최초의 사례였다. 그리고 이는 도조 히데키 내각 총리대신에게는 새로운 도전이었다. 일본 육군 내 그의 협력자들은 마치 선택권이 있는 것처럼 일본 해군 사령관들과 대화해야 했다.

일본 해군과 육군은 수십 년간 서로를 경멸한 끝에 뿌리 깊은 적대감을 품고 있었다. 일본 해군은 특수 해군 상륙군으로 알려진 자체 지상군을 보유한 초강력 부대였다. 이 병사들은 해병대가 아니라 보병 훈련을 받은 선원들이었으며 중국에서 좋은 성과를 거두었다. 그러나 그들의 성과는 일본 육군의 그늘에 가려졌다. 이 때문에 일본 해군은 육군과 협력할 이유가 거의 없었다. 사실, 일본 해군은 항공-해군 작전을 지원하기 위한 자체 공군을 보유하고 있었다. 일본 해군은 또한 중국과 만주에서 일본 육군의 확장에 반대했다. 그러나 말레이시아와 관련된 문제에 대해 일본 육군과 해군은 동남아시아에서 제국주의 강대국으로서 일본의 미래를 인정하는 공통의 대의를 찾았다. 일본 해군은 가능한 한 육군과 협력할 의향이 있었다. 게다가 그러한 관계를 구축할 실질적인 이유도 있었다. 그중 하나는 일본 해군이 해당 지역에서 해군의 우위를 확보해야 한다는 사실이었다. 그리고 그것은 미국 해군이 태평양에 주둔하는 한 불가능했다. 반면에 일본 해군은 미국 해군에 비해 그 규모가 최대 70%에 불과했다. 그것은 그들에게 불리하고 불공평한 싸움이 될 것이었다.

츠지는 자신의 연구를 요약한 70페이지 분량의 매뉴얼을 출판했는데, 제목은 「이것만 읽어라. 그러면 전쟁에서 이길 수 있다」였다. 이는 열대 지방에서의 작전에 관한 완전한 지침서로, 자가 위생과 질병 예방에 관한 사항을 포함하는 광범위한 내용을 담고 있었다.

조나단 페넬(Jonathan Fennell) 교수는 2019년 케임브리지대학 출판부에서 출판한 책『인민전쟁의 싸움: 영국 및 영연방군과 제2차 세계대전(Fighting the People's War: The British and Commonwealth Armies and the Second World War)』에서 두 교전국의 군사력을 설명했다. 일본은 26,640명의 병력을 편성했고, 그중 17,230명이 전투 훈련을 받았다. 영국은 88,600명의 병력을 모았고, 15,200명의 호주인, 16,000명의 지역 자원병, 19,600명의 영국인, 37,000명의 영국령 인도인으로 구성된 연합군이었다. 이 숫자는 싱가포르 전투 당시의 최종 병력이었다.

영국은 일본에 비해 포대 수가 두 배였다. 그러나 일본은 항공기 면에서 영국을 능가했다. 일본 육군은 459대, 해군은 158대의 항공기를 보유하였다. 이것은 영국 공군의 항공기 300대에 맞선 공군력이었다. 지상에서 일본 육군은 경전차와 중전차 180대를 동원했다. 영국군은 아무것도 없었는데, 말레이시아 정글에 이 전차들이 적합하지 않다는 이유였다. 바다에서 일본 해군은 순양함 1척과 구축함 10척으로 상륙 작전을 엄호했다. 영국은 전력이 비슷했지만, 전함 프린스 오브 웨일즈와 순양함 리펄스가 침몰한 후 약화되었다. 퍼시벌은 이에 대해 다음과 같이 언급했다.

"제가 왕립 해군참모대학에 재학 중이었을 때, 해군 전쟁의 본질은 균형 잡힌 함대, 즉 모든 유형의 전함으로 구성된 함대이며, 각 함대에는 구축함 몇 척만 동반된다는 말을 들었습니다. 우리는 싱가포르에 경순양함과 구축함이 몇 척뿐이며, 그중 어느 것도 현대식 선박이 아니라는 것을 알고 있었습니다. 항공모함도 없었는데, 항공모함이 없으면 현대전에서 전투 함대의 가치가 대부분 상실됩니다. 또한 중순양함도 잠수함도 없었습니다."

일본 보병의 자질

일반 대중은 일본군이 용감하고, 규율이 있고, 끈기가 있다는 데 공감대를 형성했다. 제국의 징집병이었음에도 불구하고 그들의 힘을 과소평가해서는 안 된다. 이들은 중국과 만주에서 수년간 싸우며 전투에 단련되었기 때문이다. 이제 그들은 야망을 품고 말레이시아로 향하고 있었다. 버마 제15군단의 윌리엄 슬림 야전사령관은 그의 책『패배에서 승리로: 버마와 인도에서 일본과의 전투, 1942~1945』에서 이렇게 썼다.

"일본군이 500명을 보내 위치를 방어한다면, 우리는 그들 중 495명을 죽여야 승리를 거둘 수 있었다. 나머지 5명은 그 후에 스스로 목숨을 끊었다."

슬림의 생생한 묘사는 메이지 유신이 본격화된 이래로 일본이 어린 나이부터 규율을 무엇보다 중시했다는 것을 보여준다. 그의 군대는 일본군에게 패배를 겪었지만 훈련 체제를 바꾸면서 일본군이 결코 무적이라고 생각하지 않았다.

메이지 정부는 서양 개념을 일본 문화에 흡수했다. 1886년 메이지의 교육부는 체조를 공식 과정에 도입했다. 미국과 유럽 학교는 19세기와 20세기 사이의 특정 시기에 퍼레이드를 연습하기 시작했다. 메이지 천왕은 민족주의적 감각을 불러일으키기 위해 그러한 행진이 필요하다고 보았다. 다이쇼(大正) 통치 기간 동안 교직원의 절반이 군인이었을 정도로 그는 군인들을 체육 교과 과정의 코치로 고용하는 것을 적극적으로 옹호했다. 이러한 접근 방식은 학생들이 어느 정도 전쟁터로 나갈 준비가 되도록 만들었다. 그들은 장교를 위한 군사학교의 자리에 적합한 징집 훈련을 받았고, 그 후 아사카에서 2년간의 훈련 프로그램을 거쳤다. 그런 다음 8개월 동안 보병 연대에 배속되었고, 이후 사가미하라에서 20개월간의 훈련을 거쳐 원사(부대 선임하사관) 계급에 해당하는 장교 견습생으로 성장했다. 그 시점에서 그들이 하급 소위가 되는 것을 어렵게 만드는 유일한 것은 4개월간의 시험이었다.

일본인들은 자신들이 사무라이의 환생이라고 생각하는 군인들을 훈련시키는 데 있어서 사리사욕을 가지지 않았다. 그들은 신념을 굳건히 지키며 독보적인 육탄전으로 무적의 전사 계급을 구축했다. 미군이나 영국군은 정면에서 총검으로 찔러대는 자살 돌격에 맞설 만큼 용감하지 않다고 믿었다. 그리고 일본은 병사들의 식량을 줄이고 장기간의 전투를 통해 열악한 환경에 처하게 했는데, 이런 훈련을 통해 신뢰할 수 있는 군사력을 확보할 수 있었다.

전쟁 초기에 말라야의 영국령 인도 병사들은 열대 전쟁에 경험이 없는 37,000명의 젊은 군인들로 구성되었다. 정글에서 훈련받은 대대는 소수였고, 부대 증편 계획으로 인해 이 유능한 군대는 새로 편성된 부대를 지휘하기 위해 분산되었다. 따라서 영국군에는 적절한 대대가 없었다고 가정하는 것이 맞을 것이다. 싱가포르가 함락된 후 일본은 이 인도 병사들에게 인도 국군(INA)에 입대할 기회를 제공했다. 다른 선택지는 뉴기니의 수용소에 갇혀 전쟁 포로로 지내는 것이었다. 그들 중 30,000명이 인도 국군에 입대하여 일본군과 동맹을 맺은 것으로 추산된다. 한 보고서에 따르면 65,000명의 인도군 포로 중 25,000명이 인도 국군에 가입했다고 한다.

영국군 진영에서 일련의 후퇴가 있은 후 말레이시아에서 일본의 승리는 거의 확실했다. 하지만 영국군은 이 땅을 지키기로 결심했다. 일본군은 인도 군인들의 마음을 흔들고자 라디오를 통한 선전과 공중 전단지 살포를 시작했다. 그 전단지에서 일본은 자신이 아시아인이 아니라 영국을 적대시한다고 주장했다. 일본은 인도인과 제국의 주인인 영국인 사이에 악감정이 있음을 말하면서, 인도 전사들은 최전선으로 내던져져 죽임을 당하고 영국군은 대부분 후방에 남는다는 사실을 강조했다. 항공 지원 없이 전장에서 피를 흘려본 사람들에게는 그런 주장의 정당성이 먹혀들어 갔다. 항복에 대한 이야기가 방콕과 페낭 라디오에서 송출하는 방송의 단골 메뉴가 되었다. 1941년 12월 14일, 헨드릭 대령의 살해 사건에 대한 조사가 있은 후 하이데라바드 제1대대가 해체되었다. 보병들은 쿠알라크라이로 끌려가 강제 노역에 처해졌다.

당시 전투 대형은 2개의 인도 대대와 1개의 영국 대대가 연합한 모습을 보여주었다. 그리고 그것은 말레이와 싱가포르에 있는 영국군 전투원의 절반이 인도인이라는 것을 세상에 알린 결정적인 증표가 되었다. 이 부대에는 힌디어조차 할 줄 모르는 영국 장교들이 배치되었다. 의사소통 장애는 곧 젊음과 경험 부족이라는 적합성 문제와 합쳐졌다.

말레이시아에서 뛰어난 전투 부대인 제2 아가일 및 서덜랜드 하이랜더스의 사령관으로 재직했던 이언 스튜어트 중령은 개인의 사기와 힘에 대해 다음과 같이 언급했다.

"영국 장교와 병사들은 강인함과 내부 훈련이 부족했다. 그들은 서투르고, 공격적이지 않으며, 느리고, 전쟁의 극심한 속도에 적응하지 못하는 것으로 보였다. 방어를 하면서도 그들은 재빠르게 후퇴하고 진지를 버렸다. 게다가 그들은 뒤에 있는 일본군을 보면 포위당했다고 판단하고 즉시 후퇴해야 한다고 생각했다."

일본군은 강력한 정면 공격과 함께 적을 측면에서 포위하여 근접전을 벌이며 압도적으로 밀어붙였다. 그들은 정글과 고무 농장을 유리하게 활용했다. 이 때문에 영국군은 종종 두세 개의 다른 방향에서 압박을 받았다. 적을 포위함으로써 일본군은 특정 지역 안에 있는 군인들을 다른 사람들과 효과적으로 단절시켰다.

스튜어트는 또한 적에 대해 다음과 같이 언급했다.

"그들은 영국군에게 분명히 없는 특성을 가지고 있는데, 그것은 높은 사기였다. 영국군은 겁쟁이가 아니지만 항상 전투에서 죽음을 피하려고 하였다. 일본군은 죽음에 대한 광신자는 아니지만 죽는 것에 대해 신경 쓰지 않는 것처럼 보였다."

일본군의 대대적인 공세

울창한 정글과 넓게 펼쳐진 고무 농장은 츠지가 기계화 전쟁을 싫어하게 만들었다. 그에게 기계화 전쟁은 철도와 평행하게 놓인 도로와 개발된 지역을 제외하고는 비실용적이었다. 하지만 야마시타 중장은 전차 부대의 전력을 동원하길 원하며 이에 반대했다. 그리고 그의 의견은 틀리지 않았다. 경전차와 중전차는 말레이시아 전투에서 결정적인 역할을 하였는데, 이는 야마시타가 기존 도로는 모터 차량보다 자전거를 이용하는 것이 훨씬 효율적이라고 보았기 때문이다. 12,000대에서 18,000대의 자전거는 일본이 유연한 이동성을 가질 수 있게 했다. 아마도 이 계획은 말레이시아 지형에 맞게 조정된 전격전 개념에 기반을 두었을 것이다. 보병 사단에는 각각 500대의 모터 차량과 6,000대의 자전거가 제공되었다. 일본군 보병은 말레이시아로 파견되기 전 2개월 동안 자전거 훈련을 받았다.

공병들은 손상된 다리를 수리하거나 특정 시점에 강 위에 길을 건설하여 군대 이동을 용이하게 하기 위해 파견되었다. 목재는 너무 풍부해서 어디서든 쉽게 구할 수 있었다. 보병이 자전거를 등에 업고 건널 수 있도록 공병들이 나무를 어깨에 짊어지고 강에 서 있는 경우도 있었다. 전쟁은 후퇴하거나 지친 적을 쫓는 고통스러운 방법이었고, 비인간적인 일이었다. 일본군은 말라야에 이미 많이 퍼져 있는 자전거를 사용하기로 했다. 단순히 예산 절약을 위해서만은 아니었다. 영국군을 대항하는 데 있어서 1,000km에 걸친 말라야 전역에 교체 가능한 부품이 너무 많아 수리가 어렵지 않았던 것이 큰 이유였다. 야마시타는 많은 포대를 끌고 가는 것을 거부하고 대신 번개처럼 빠른 이동식 박격포를 선호했다. 이것은 공병이 다리를 완성할 때까지 기다려야 했던 포병대와 멀리 떨어져 있는 곳에서도 싸울 수 있었던 일본군의 효율성을 설명해준다.

일본군에게는 이동성이 관건이었다. 전략가들은 보급품과 의복에 특히 신경을 썼다. 군인들은 전투 장비에 건조 식품만 휴대할 수 있었다. 또한 그들의 제복은 젖었을 때 너무 무겁지 않고, 편안하도록 디자인되었다. 제1차

일본 제국 보병 표준 군복

세계대전 동안 영국은 유럽 전선에서 어려움을 겪었다. 그들은 물을 흡수하는 3.2kg의 코트를 입었고, 이로 인해 군장의 무게가 최소 3배로 늘어났다. 병사가 등에 27.5kg의 장비를 메면 진흙투성이의 지형과 극심한 습도로 인해 43.5kg으로 불어났다.

독일군도 비슷한 문제에 직면했는데, 평균 32kg의 짐을 짊어지고 하루 24km를 이동해야 했다. 독일 군인들은 27일 동안 656km를 이동했다. 프랑스 제6야전군은 38.5kg의 장비를 메고 하루 70km를 이동했다. 그들은 그 여정 중에 단 3시간 동안만 쉬었다. 말레이시아에서 18kg의 무게를 짊어진 영국군은 하루에 30km를 걸을 수 있었는데, 정글의 더위와 짧은 바지로 인해 거리가 단축되고는 했다. 일본군은 열대 기후와 곤충 및 독이 있는 생물에게 물릴 때를 대비해 새로운 제복을 만들었다. 전략가들은 물류 공급 라인을 줄이기 위해 장비 무게를 영국의 두 배인 36kg로 제한했다. 자전거 덕분에 일본군의 속도는 방해받지 않았다. 그리고 그와 같은 전략의 진가는 영국군 진영에서 증명되었는데, 그들은 후퇴를 서두르며 수백 대의 차량과 가솔린을 버려야 했다. 그리고 이 자산들은 일본이 승리하는 데 크게 기여하였다.

일본의 제공권 우세

항공기 수에서 일본의 우세는 핵심적이었다. 일본 육군 제3항공군단은 459대의 항공기를 보유하고 있었고, 일본 해군 제11항공함대에 158대가 더 있었다. 말레이시아 방어를 위해 영국은 적어도 582대의 항공기가 필요했다. 그들이 그 정도의 공군력을 보유했다면 많은 것이 달라졌을 것이다. 그러나 그들은 158대의 항공기와 88대의 예비 항공기로 대응해야 했다. 브룩-포팜에 따르면, "우리는 버팔로와 함께 무너져 가고 있는 반면, 영국 본토는 허리케인과 스피트파이어를 투입하였다." 이것은 유럽과 중동에서 더 나은 결과를 얻기 위해 영국이 희생한 손실을 만회하기 위한 그의 변명이었다. 이 항공기들은 일본과의 공중전에서 상대가 되지 못했다. 공습 중에 많은 항공기가 부서졌다. 그리고 일부는 수리를 위해 지상에 계류되었는데, 영국 보병들은 영국 공군을 펭귄 클럽(날개는 있지만 날 수 없는 새)으로 여겼다.

4개 비행대는 다음과 같은 단점이 있는 60대의 F2A 브루스터 버팔로를 출격시켰다.

- 일본 항공기에 비해 느림.
- 낮은 연료 압력으로 인한 동력 손실.

- 과열.

그 외에도 영국 공군, 호주 왕립 공군, 뉴질랜드 왕립 공군은 47대의 블렌하임 폭격기로 구성된 4개 편대, 허드슨 24대, 비커스 빌데비스트 어뢰 폭격기 24대로 구성된 2개 편대를 출격시켰다.

일본 육군은 나카지마 Ki-43 하야부사(오스카)로 싸웠다. 일본 해군은 얕잡아 볼 수 없었는데, 최신예 미쓰비시 A6M 제로 전투기로 강력한 공격력을 자랑했다. 이 항공기는 브루스터 버팔로보다 강력하고, 화력이 뛰어났으며, 신식이었다. 일본이 코타바루에 상륙한 지 한 달 후 싱가포르에 전투기가 추가로 도착했을 때 결과는 확실했다. 52대의 호커 허리케인 항공기는 영국에서 가장 현대적인 전투기였을지 모른다. 하지만 일본의 민첩성을 극복하지는 못했다. 그리고 호송대와 함께 실제로 도착한 허리케인은 24대뿐이었다.

이언 스튜어트는 1941년 12월 10일에서 14일 사이에 영국 공군 항공기가 그의 제2 아가일 및 서덜랜드 하이랜더스에 지원된 적이 없다고 보고했다. 당시 일본의 공습으로 그의 부하 50명이 사망했다. 오스카와 제로는 버팔로보다 더 빠르고 더 높은 고도까지 올라갈 수 있었다.

빌데비스트는 시속 160km로 공중에서 삐걱거렸지만 일본은 시속 480km로 날아올랐다. 영국군 조종사들이 그 빌데비스트를 "날아다니는 관"이라고 부르는 것도 놀라운 일이 아니었다. 기술 면에서 영국을 능가하는 일본은 중국에서 전투 경험이 있는 조종사를 투입하였다.

이해 부족

장교와 사병이 상관의 특정 기준에 대해 반대 의견을 표출하면서 전쟁에 참여한 모든 군인들에게 불만이 퍼지는 것은 흔한 일이다. 야마모토 이소로쿠 제독과 도조 히데키 장군의 불화는 모두에게 알려졌다. 1941년 10월 도조가 총리에 임명되었을 때, 정치 전문가들은 야마모토의 경력 강등을 예측했다. 어쩌면 도조는 요코스카 해군 기지를 지휘하도록 제독을 압박했을 것이다. 하지만 야마모토는 가볍게 여겨서는 안 될 사람이었다. 일본 육군에서 그의 영향력은 절대적이었다. 그리고 그는 황실과 우호적인 관계를 맺고 있었기 때문에 그의 경력 자체가 안전망 안에 있었다. 하지만 그는 진주만에 대한 기습 공격을 실행해야 했다.

영국군과 호주군은 제1차 세계대전 이후 우호적인 경쟁 관계에 있었으며, 그동안 두 나라는 연합하여 적과 싸우면서 동시에 서로 다투었다. 호주인들은 영국을 조국으로 여겼지만 영국인들은 호주를 왕실의 식민지로 간주하였다. 영국 지휘관들에게 호주 군인들은 군율에 구애받지 않는 태도를 지닌 집안의 말썽꾸러기였다. 그럼에도 불구하고 호주인들은 임무를 해냈다.

1940년 극동 사령관인 아치볼드 웨이벌 장군과 윈스턴 처칠 수상은 이집트에 제16호주보병여단을 배치했다. 그러나 앨버트 블레이미 중장은 그의 제6호주병사단이 준비가 되어 있지 않다고 주장하며 명령을 거부했다. 블레이미는 호주군을 재편하려는 영국의 접근 방식에 반대했다. 그리고 그는 영국군에 파견된 모든 부대를 반환할 것을 요구했다. 블레이미의 반항적인 태도는 수많은 문제에서 비롯되었다. 그는 웨이벌 장군을 대체한 클로드 오친렉 장군의 결정에 대해 신랄한 말을 쏟아냈다. 그는 부상으로 어려움을 겪고 있는 호주군이 토브룩에 도착하라는 통보를 받았을 때 가만히 있지 않았다. 당시 그들은 영국군으로 교체될 예정이었다. 처칠과 오친렉에 맞선 그의 좌충우돌은 여러 영국 지휘관들로부터 접수를 얻었다. 결국 그 수장들은 영국 제70보병사단으로 호주군을 교체했다.

말라야도 비슷한 흐름으로 전개되었는데, 세 명의 위

협자인 아서 퍼시벌, 루이스 히스, 고든 베넷이 줄다리기를 벌였다. 히스는 인도 제3군단을 이끌었고, 베넷은 호주 제8보병사단의 지휘권을 가지고 있었다. 히스는 퍼시벌보다 선임자였지만 서열에 따라 퍼시벌에게 보고해야 했다. 말라야 총사령관으로서 퍼시벌의 책임은 구름처럼 짙게 드리워져 있었다. 그리고 그는 히스가 굴욕적인 패배를 당한 후 후퇴를 간청할 때마다 히스에 대한 신뢰를 잃어갔다. 베넷은 퍼시벌이 합리적인 입장이 없는 그저 예스맨에 불과하다는 이유로 불만을 표명했다. "퍼시벌은 똑똑한 사람이었지만, 그는 자신을 의심하고 약한 입장을 고수했다." 퍼시벌은 히스와 베넷을 퇴역시킬 기회가 있었지만, 그 길을 선택하지 않았다.

"그러나 때때로 군대 전체에 특정 행정 문제와 관련하여 공통적인 어려움이 발생했는데, 고든 베넷은 자신의 군대에 대한 특별 대우를 요구했고, 이로 인해 호주군과 다른 군대 사이에 차별이 생겼습니다. 저는 이런 차별이 불합리하다고 느꼈습니다. 제 정책은 모든 군대를 동등하게 대우하는 것이었기 때문입니다. 고든 베넷은 정부로부터 말라야 군대에서 자신의 부대 위치를 규정하도록 특별 지시를 받았다고 주장했습니다."

1942년 1월 13일 싱가포르에서 공격을 받는 동안 베넷과 히스는 항복을 제안했다. 다음 날, 베넷은 호주군에게 탄약을 아껴두고 공격을 받을 경우에만 교전하라고 말했다.

퍼시벌, 베넷, 히스 사이의 3자 논쟁은 일본군 진영에서도 볼 수 있었다. 야마시타와 츠지는 전투 전, 전투 중, 전투 후에 일어난 필수적인 사항에 대해 의견이 맞지 않아 서로 못 잡아먹어서 안달이었다. 츠지는 야마시타가 포위하기 위해 해로를 이용했다고 비난했다. 그리고 페낭에서 지역 주민을 살해하고 학대하는 군인들을 지지했다. 이러한 갈등은 야마시타가 고위 장교들 앞에서 츠지를 비난했을 때 폭발했다. 그런 경멸에 휘청거리며 츠지는 일어나서 사직서를 제출했고, 야마시타는 단호하게 거부했다. 야마시타는 성격이 급한 것으로 알려졌는데, 심지어 자신의 상사와도 불화가 있었다.

일본 제25군은 탄약을 포함한 보급품이 바닥나는 지경에 이르러 영국에서 압수한 비축물자로 생존해야 했다. 1월 1일 자 일기에서 야마시타는 "나는 데라우치나 남부군 사령부를 믿을 수 없다. 일본에 신뢰할 수 없는 지도자들이 있다는 사실이 슬프다. 그들은 대부분 권력 남용자였다"라고 썼다. 데라우치는 제14, 15, 16, 25야전군으로 구성된 남부군 사령부를 지휘했다. 그들 각각의 야전군은 단일 영국 보병 군단과 맞먹는 힘을 가졌다. 일주일 후, 야마시타는 도쿄 대표단을 만나고 나서 일기장에 또 다른 문장을 추가했다. "나는 그들 모두를 싫어한다. 데라우치는 지옥에나 가라! 그는 사이공에서 부드러운 매트리스에 편안히 누워 있고, 체스를 두면서 호화로운 음식을 먹는다!"

개인적으로 야마시타는 일본 해군과 육군에 있는 사람들과 좋은 관계를 맺은 뛰어난 지도자였다. 그러나 도조 히데키와의 관계에 있어서는 그렇게 말할 수 없었다. 제25야전군 사령관으로 임명된 것은 양날의 검이었다. 자신의 목표를 달성하지 못하면 영원한 굴욕을 당할 것이었다. 강인한 정신을 가진 그는 츠지를 포함한 부하들에게 충성심을 고취하고자 했다. 부하들은 동의하지 않을 수도 있지만 츠지는 회고록에서, 야마시타는 많은 전투에서 성공을 향한 사기를 불러일으키기 위해 인간의 기본 본능에 충실한 지도자였다고 썼다.

야마시타의 사고방식은 아마도 일본 육군의 사고방식과도 같았을 것이다. 그리고 그 사고방식은 거만한 엘리트들로 구성된 제국근위사단에는 적합하지 않았다. 제국근위사단은 전투 경험이 없었고, 거기 속한 사람들은 대부분 의례적인 국가 행사에서 특별한 임무를 담당하기 위해 직접 선발되었다. "니시무라 소장이 내 명령을 거부해서 일주일을 낭비했다." 니시무라는 순종적이지 않은 인물이었다. 싱가포르가 영국의 손에 넘어간 마지막 날, 그는 거세게 항의하며 야마시타의 계획을 계속 추진하기를 거부했다. 그는 한 장교를 통해 메시지를 보냈고 야마시타로부터 "좋을 대로 하라"라는 답장을 받아냈다. 싱가포르 함락 후, 니시무라는 1942년 4월 일본으로 소환되어 강제 은퇴를 당했다. 일본 천왕은 그의 사단을 칭찬하지 않기로 했다.

심리적인 압박이 야마시타를 극도로 괴롭혔다. 한 장교는 "우리 장군은 항상 정신적으로 붕괴 직전에 있습니다"라고 말했다. 영국이 1월 11일에 쿠알라룸푸르를 포기한 후 그의 기분은 한결 나아졌다. 야마시타가 퍼시벌에 비해 더 강한 인물이라는 것은 분명했다. 영국 사령관이 그런 강인함을 갖추었더라면, 확실히 패배를 지연시키거나 피할 수 있는 적절한 반격을 취할 수 있었을 것이다.

영국의 정책과 전략

1920년 영국 해군성은 증가하는 일본의 위협에 대한 대책을 개략적으로 설명하는 전쟁 각서(동구권)를 발표했다. 3단계로 구성된 정책은 싱가포르 수비대가 영국 함대의 지원군을 기다리는 동안 '싱가포르 요새'를 방어하는 것으로 시작된다. 두 번째 단계는 홍콩으로 이동하여 함대가 해방군 역할을 하는 것이었다. 마지막 단계는 일본을 협상 테이블로 끌어내는 것이지만 위험성을 고려하면 가능성이 낮았다. 따라서 봉쇄는 일본을 무찌르기 위한 더 실용적인 방안이 될 수 있었다.

전년도 4월 어느 때 해군성 전략 부서는 태평양에 해군기지를 두기 위한 연구를 완료했다. 그 전략 부서는 홍콩, 시드니 또는 싱가포르를 가리키며 이 중에 어디로 결정할지에 대해 논의했다. 홍콩은 일본과 너무 가까워서 외부 위험에 노출되어 있다고 여겨졌다. 시드니는 안전 측면에서는 부합하였다. 그러나 거리 면에서 아쉬웠는데, 홍콩과 일본에서 너무 멀리 떨어져 있었다. 모든 세부 사항을 정리한 결과, 싱가포르가 이상적인 기지에 필요한 자질을 갖춘 것으로 판단되었다. 영국은 대서양과 지중해에서 영국 해군 작전을 감독한 지브롤터 해군기지의 이름을 따서 싱가포르에 '동양의 지브롤터'라고 불리는 기지를 건설하기 위해 신속한 노력을 기울였다. 싱가포르는 이 지역에서 동일한 역할을 수행할 예정이었다.

초기 계획에서는 함대의 항해 기간이 42일로 추산되었

다. 1938년 영국은 이 기간을 70일로 수정하고 보급 기간을 14일로 설정했다. 1939년 9월, 영국과 독일 간의 새로운 전쟁으로 인해 180일이 필요하다는 또 다른 수정안이 마련되었다. 영국 해군은 항공모함 7척, 전함 8척, 전투순양함 2척, 순양함 66척, 구축함 100척, 잠수함 67척을 동원하여 독일과 이탈리아의 세력에 맞섰다.

싱가포르를 보호하기 위해 영국은 창이와 부오나비스타(Buona Vista)에 15인치와 9.2인치 구경의 해안 방어포를 배치했다. 배치 비용은 50만 파운드(인플레이션에 따라 2,489만 파운드)였으며, 조호르의 술탄 이브라힘이 자금을 지원했다. 포트 캐닝, 포트 실로소, 래브라도에는 야포와 방공 시스템이 설치되었다. 그들이 보유한 15인치 구경 대포는 30km까지 해안 방어가 가능했다. 유일한 단점은 분당 최대 2발만 발사할 수 있다는 것이었다.

텡아(Tengah)와 셈바왕(Sembawang)에 영국 공군을 위한 기지가 건설되었다. 공군 원수인 트렌처드(Trenchard) 경은 15인치 구경 포대를 갖춘 어뢰 폭격기 30대를 제안했다. 하지만 그의 제안은 함대 제독인 비티(Beatty) 경의 반대에 부딪혔다. 이를 통해 싱가포르 요새는 방어 개념을 갖춘 세련된 시설을 얻었지만 1941년 일본의 속임에 빠졌다. 싱가포르 요새는 남쪽에서 오는 모든 공격을 견뎌내기 위한 투자였다. 일본은 북쪽에서 그들을 공격했다.

1940년 10월, 싱가포르는 극동 문제에 대한 10일간의 논의 후 3개 군부대를 위한 방위 회의를 주최했다. 그들은 버마와 말라야를 방어하기 위해 582대의 전투기를 요청했다. 하지만 일본이 1941년 12월 8일에 상륙했을 때, 164대의 전투기만이 대기하고 있었다. 모두 브루스터 F2A 버팔로였다. 지상군 역시 기준 이하로, 31개 대대에 전차 연대 지원도 하나 없었다. 공식적인 제안은 48개 대대와 2개 전차 연대로 말레이시아 방어를 준비하는 것이었다.

1940년 9월, 영국 총리 윈스턴 처칠은 대서양 해상 교통로를 보호하기 위해 뒤로 온 힘을 쏟고 있었다. 북아프리카, 특히 이집트에서 전쟁이 발발했다. 압박을 받은 처칠은 독일에 맞서 소련을 지원해야 했다. 그리고 이제 영국은 인도차이나에서 일본과 마주했고, 일본군은 말레이시아와 싱가포르에 점점 더 가까이 다가갔다. 하지만 처칠은 이를 과소평가하며 말레이시아와 싱가포르를 지원하지 않았다. 일본이 아직 위협적인 자세를 취하지 않았기 때문이었다. 조호르 바루가 함락되기 4일 전인 1942년 1월 27일, 그는 이집트와 소련에 대한 자신의 정책을 정당화하기 위해 의회에 "내가 개인적으로 모든 책임을 지겠다"라고 말하며 말레이시아와 싱가포르를 버렸다. 처칠은 영국 해군에 잘못된 신뢰를 품었다. 그는 일본이 정글과 늪지대를 상대하다 보면 물류적 문제가 생길 것이라 착각했고, 영국이 추가로 시간을 벌 수 있을 것이라 믿었다.

1940년 4월 10일, 처칠은 어떠한 종류의 전쟁 준비에도 반대하지 않겠다는 입장을 다시 한번 반복했다. 하지만 그는 말레이시아와 싱가포르에는 병력 증원이 거의 필요하지 않다고 거듭 말했다. 필요하다면 인도가 지원군을 보낼 수 있다는 것이었다. 얼마 지나지 않아 1940년 5월 15일, 제국군 참모총장(CIGS) 존 딜 경은 처칠에게 싱가포르에서 영국의 책임이 있음을 상기시켰는데, 여기에는 이집트에 보낸 지원군에 비해 적은 지원군만이 필요할 뿐이라며 병력 이동에 3개월이 걸리기 때문에 가능한 한 빨리 지원군을 증파하고 마지막 순간까지 주저하지 말라고 압력을 가했다. 그는 또한 이집트에 있는 지원군을 일부 차출하는 것은 이집트가 그들의 부재를 거의 느끼지 못할 정도로 미미한 영향만을 미칠 것이라고 정당화했다.

영국은 1940년에 15,000대의 항공기를 생산할 수 있었고, 이듬해에는 그 수가 20,000대로 증가했다. 브룩-포팜은 그 기간 동안 말레이시아와 싱가포르가 158대의 사용 가능한 항공기를 보유하고 있다고 보고했다. 영국군 사령관들은 이러한 생산 능력을 가지고도 영국이 극동을 기꺼이 포기하고 복종이라는 절망에 빠뜨린 데 실망했다고 고백했다. 1941년 10월까지 이집트는 전차 770대와 항공기 1,776대를 받았다. 소련은 전차 280대와 항공기 493대를 받았다. 하지만 말라야와 싱가포르는 아무 지원도 없는 상황에서 싸워야 했다. 영국이 호주와 뉴질랜드에 의존하고 있었기 때문에 이것은 더 이상 단순한 감독이 아니라 어리석은 책임 회피였다. 훈련 후, 공군 사관생도들은 싱가포르에서 4개월 동안 작전 비행대대 양성 과정을 거쳤다.

말레이시아와 싱가포르가 함락된 지 얼마 지나지 않아 클리블랜드 하원의원 로버트 바워 사령관은 공개 성명을 통해 처칠의 우유부단함을 다음과 같이 비난했다.

"저는 총리가 우리의 모든 불행의 원인을 여러 불리한 우연적인 상황의 연속으로 돌리려는 성향이 이 의회나 국가에 어떤 식으로든 도움이 되지 못했다고 생각합니다. (...) 말레이시아, 싱가포르, 그리고 동남아에서 우리의 위치는 말레이시아의 늪과 정글에서 사라진 것이 아니라 화이트홀과 웨스트민스터 궁전의 복도에서 사라졌습니다. 싱가포르는 해로우[3]의 학교 운동장에서 사라졌을 가능성이 매우 큽니다."

52년 후인 1992년 2월 27일에 호주의 총리 폴 키팅은 호주 하원에서 연설했다. 그는 제2차 세계대전에서 영국이 저지른 일을 비판하면서 실망감을 드러냈다.

"저는 학교에서 존경심을 배우지 못했다고 들었습니다. 제가 배운 것은 하나입니다. 저는 호주에 대한 자존심과 자존감에 대해 배웠습니다. 말레이 반도를 방어하지 않고, 싱가포르에 대해 걱정하지 않고, 일본의 지배로부터 우리를 자유롭게 해줄 군대를 보내지 않기로 결정한 국가[4]에 대한 문화적 굴욕에 대해서는 배우지 않았습니다. 이것은 여러분이 자신을 결합시킨 나라였고, 그 나라가 여러분을 버리고 유럽 공동시장에 가입했을 때조차도 여러분은 여전히 대영제국훈장 (MBE)과 기사 작위, 그리고 그것과 함께 제공되는 그 밖의 모든 하사

---

3 해로우 스쿨(Harrow School)은 영국 그레이터 런던의 해로우 온 더힐(Harrow on the Hill)에 있는 공립학교이다. 저명한 동문으로는 애버딘(Aberdeen) 백작(외교장관, 수상 역임), 퍼시벌(Perceval) 수상(1809~1812 재임), 고드리치(Goderich) 자작(1827~1828 수상 역임), 필(Peel) 경(1834~1835, 1841~1846 수상 역임), 파머스턴(Palmerston) 경(1855~1858, 1859~1865 수상 역임), 볼드윈 (Baldwin) 수상(1923~1929, 1935~1937 역임) 및 처칠(Churchill) 수상(1940~1945, 1951~1955 역임) 등이 있다.
4 영국을 의미한다.

품을 찾고 있었습니다."

키팅은 호주가 일본의 손에 영국을 패배시켰다는 비난에 대해 격렬하게 반박했다. 그리고 그는 우회적으로 영국이 패배에 기여한 정부 정책을 실행했다고 주장했다.

"이러한 보고서 중 일부는 호주군이 싱가포르 함락에 어떤 식으로든 책임이 있음을 시사합니다. 다른 보고서에는 일부 호주군이, 사실이라면, 자신과 국가에 불명예를 안기고 말레이 반도와 싱가포르에서 복무한 17,000명의 호주 남녀에게 영향을 미칠 잘못을 했다는 주장이 포함되어 있습니다.

'우리의 역사를 논의하고 진실을 말하는 것이 중요합니다. 우리는 그것을 숨기려 해서는 안 됩니다.'

'싱가포르 함락을 초래한 것은 호주군이나 영국군이 아니라 영국의 정책이었습니다.'"

—호주 총리 폴 키팅, 의회 의사록, 하원(1992년 2월 27일)

일본의 97형 탱크

15

무기 체계

브루스터 F2A 버팔로

미국에서 브루스터 항공사(Brewster Aeronautical Corporation)[1]가 설립될 당시 항공우주 기술은 싹트는 단계에 있었다. 이 회사는 마차 제작사인 브루스터사 (Brewster & Co.)에서 발전하여 제1차 세계대전 이후 항공 분야에 깊이 파고들었다. 브루스터사는 1939년 12월 미국 해군을 위해 최초로 하늘을 날았던 F2A 버팔로 단엽 기를 생산하기 시작했다. 아마도 이름에 걸맞은 버팔로 와 비슷한 굵은 외관에 자칫 속을 수 있지만, 버팔로는 당시의 현대화된 전투기에 비할 만큼 강력한 무력을 갖추고 있었다. 고급 강철로 강화된 구조는 공기 역학적 캐

---

1 해군 항공기에 중점을 두고 1932년에 설립된 미국 방위 산업체.

노피와 유압 구동 랜딩 기어를 자랑했다. 하지만 조종사는 판금 장갑과 자체 밀봉 연료 탱크 없이 싸워야 했다. 브루스터사는 모델을 개선하면서 이러한 문제를 해결하지 못했고, 장갑과 무기류의 성능이 계속 저하되면서 품질이 떨어졌다.

1940년 영국 정부는 전쟁 물자 조달을 위한 구매위원회를 설립했다. 영국 공군이 버팔로를 약한 무기로 인식하고 비판과 우려를 표했음에도 불구하고, 위원회가 미국으로 파견되어 조사를 벌였다. 그들은 조종사를 위한 장갑판이 부족하고 고고도에서 비행할 때 과열 문제가 있다는 점을 우려하였으며 단 12.7mm와 7.62mm 기관총만 장착되어 공격력에 대한 신뢰도 거의 없었다. 영국 공군의 조사 결과를 요약하자면, 이 단엽기는 유럽에서 싸울 곳이 없었다.

하지만 구매위원회는 아시아 태평양의 항공기 부족을 메우기 위해 200대를 주문했다. 영 구매위원회가 꼬리고리(tailhook)와 구명보트를 제거하려고 했기 때문에 영국 공군, 호주 공군 및 뉴질랜드 공군은 미 해군과 비교할 때 독특한 버전인 이 주문을 브루스터 모델 339-E 또는 브루스터 버팔로 마크 I로 구별했다. 두 가지가 빠지면서 새로운 추가 장비를 위한 공간이 확보되어 영국 Mk

III 반사경, 총기용 카메라, 대형 고정식 공압 타이어 꼬리 바퀴, 소화기, 장갑판 및 방탄 캐노피 윈드실드가 추가되었다. 업그레이드시키려 했던 것은 버팔로 339-E에 400kg의 하중만 가중시켰다. 이 때문에 저항이 높아지고 속도가 504km/h로 감소하여 기동성이 다소 저하되었다. 단엽기에 동력을 공급하기 위해 영국 공군 버팔로에는 F2A-2 변형 모델보다 200마력 낮은 1,000마력의 라이트 R-1820-G-105 사이클론 엔진이 장착되었다. 그리고 영국은 또 다른 형태의 노골적인 무시로 이 버팔로에 더글러스 DC-3 사양의 재생 엔진을 장착했다.

조종사들은 이 짐승 같은 비행기를 공중에 띄우기에 훈련이 부족했고 경험도 부족했다. 태평양 전쟁 초기 몇 주 동안 버팔로는 나카지마 Ki-27에 대해 좋은 성과를 보였다. 하지만 Ki-43은 모든 면에서 더 현대적인 게임 체인저였다. 일본군은 버팔로 339-E에 총탄 세례를 쏟아부었고, 전쟁에서의 유리함과 불리함이 결과로 직결되는 무자비하고 동정심 없는 현실을 보여주었다. 버팔로 339-E 조종사들은 문제가 잇따르는 가운데 비행했고, 영국 정부가 그들의 중요한 문제에 거의 신경을 쓰지 않았기 때문에 모두가 귀를 기울이지 않았다. 엔진 오일이 종종 튀어 앞 유리를 얼룩지게 했고, 공군이 판단

모리스 홀더(Maurice Holder)가 조종한 영국 공군 제243비행대의 브루스터 B-339E(AN196/WP-W). 1941년 12월 8일 일본군 공습에 참여한 최초의 버팔로 전투기였다. 표적은 켈란탄강의 적 상륙 바지선이었다. 지상군의 공격을 받은 후, 이 전투기는 코타바루 비행장에 버려졌다가 일본군에 의해 압류되었다.

3개 비행기로 구성된 12대의 브루스터 버팔로 마크 I 전투기가 말레이시아 정글을 가로질러 가는 경폭격기 브리스톨 블렌하임 마크(Bristol Blenheim Mark) IV와 같은 줄에서 날고 있다. 버팔로와 블렌하임은 각각 영국 공군 제243비행대(싱가포르 칼랑 공군기지)와 제34비행대(싱가포르 텡아 공군기지)에서 출격했다.

사양(표준 생산 F2A-3)

탑승 인원	1명
길이(미터)	8.03
날개 길이(미터)	10.67
높이(미터)	3.66
날개 면적(제곱미터)	19.4
자체 중량(킬로그램)	2,146
최대 이륙 중량(킬로그램)	3,247
엔진(형태; 마력)	1 라이트 R-1820 사이클론; 1,200
최대 속도(km/h)	517
비행 범위(킬로미터)	1,553
최대 비행고도(미터)	10,119
고도 상승률(m/s)	12.4
무기류	4개의 브라우닝 12.7mm 기관총

하기에 신속한 조치를 취해야 할 정도로 시야를 방해했다. 그들은 문제 해결을 위해 12.7mm 기관총을 더 가벼운 7.7mm로 바꾸었고 장갑판과 방탄 유리를 벗겼다. 그들은 총기용 카메라와 무전기 시스템을 유지할 필요성을 느끼지 못했고, 이러한 사항들은 세부 장비를 사양에 추가하기로 결정했던 구매위원회나 영국 정부에 다시 보고되었다.

1942년 2월 15일 말레이시아-싱가포르 작전이 끝나갈 무렵, 버팔로 전투기 조종사들은 주로 폭격기인 적 항공기 80대를 격추했다고 주장했다. 그러나 그들은 전투가

1941년 11월 싱가포르 셈바왕 영국 공군기지에 정렬된 제453호주공군전대 버팔로 전투기. C. W. H. 풀포드 중장이 검열하고 있다.

한창일 때 공중에서 60대를 잃었고, 40대는 지상에서 파괴되었다고 보고하였다. 네덜란드 왕립 동인도군(KNIL)은 버팔로 구매 주문을 완료했고, 영연방의 변형보다 가벼운 모델을 선택했다. 네덜란드 왕립 동인도군은 탄약과 연료 탱크를 절반 이상 채우지 않는다는 전쟁의 지혜를 발휘해 모든 우선순위를 정했다. 네덜란드 왕립 동인도군은 더 많은 유연성과 신뢰성을 얻기 위해 전투기의 수명이 오래가는 것도 포기했고, 버팔로가 일본 전투기에 비해 동등한 우위를 점하게 만들었다.

나카지마 Ki-27 '네이트(Nate)'

나카지마 항공 회사는 1936년에 미쓰비시 항공 주식회사와 가와사키 항공우주 회사를 상대로 입찰전에 돌입했다. 이 항공우주 대기업들은 일본 육군과 군사 계약을 추진하고 있었다. 가와사키의 Ki-28과 미쓰비시의 Ki-33의 시제기를 살펴본 후, 일본 육군 항공부대(大日本帝國陸軍航空部隊)는 나카지마의 단엽기 모델을 선택하기로 결정했다. 그리고 1936년 10월 15일에 첫 시험 비행이 시작되어 1937년부터 1941년까지 최초의 일본 육군 항공부대 단독 비행기로 정식 취항하는 데 큰 점수를 얻었다.

시제기로서 Ki-27은 Ki-28과 Ki-33에 비해 속도와 고

사양(표준 생산 Ki-27)

탑승 인원	1명
길이(미터)	7.53
날개 길이(미터)	11.31
높이(미터)	3.28
날개 면적(제곱미터)	18.56
자체 중량(킬로그램)	1,110
최대 이륙 중량(킬로그램)	1,790
엔진(형태; 마력)	1 나카지마 Ha-1 오쓰(て); 650
최대 속도(km/h)	470
비행 범위(킬로미터)	627
최대 비행고도(미터)	12,250
고도 상승률(m/s)	15.3
무기류	2개의 89형 7.7mm 기관총

도 상승률이 낮은 것으로 확인되었다. 하지만 일본 육군 항공부대는 공중 기동성과 낮은 날개 하중을 중요시한 나카지마에 관심을 가졌다. 나카지마 항공 회사는 650마력 Ha-1a 엔진을 개발했는데, 일본 육군 항공부대는 '육군 97식 전투기 A형' 또는 'Ki-27a'로 이름하기에 안성맞춤이었다. 초기 버전은 날개폭이 더 넓고 조종석이 밀폐되어 있었으며 89식 7.7구경 기관총 2개가 있었다.

일본은 지상군을 방어하기 위해 제11, 제77, 제1센타이 3개의 전대를 동원하여 말레이시아-싱가포르 작전을 수행했다. Ki-27이 버팔로를 파리처럼 격추한다는 신화가 떠돌았다. 사실 Ki-27은 버팔로와 결투하는 동안 어려움에 직면했다. 하지만 일본은 경험과 기술을 갖추고 있어 모든 공중전에서 절대적인 승리를 거두었다. 버마의 플라잉 타이거 부대는 일본군에 상당한 공포를 안겨주었고, 전투기의 모든 능력을 활용하여 일본의 취약한 점을 공략했다. Ki-27은 '압둘(Abdul)'이라는 호출 부호를 받았으나, 이후 연합군이 '네이트(Nate)'로 변경했다.

구식임에도 불구하고 일본 육군 항공부대는 제2차 세계대전이 끝날 때까지 가미카제를 포함한 여러 역할에 네이트를 사용했다.

나카지마 Ki-43 하야부사 '오스카'

일본 육군 항공부대는 1941년 12월 태평양 전쟁이 발발했을 때 최신형 나카지마 Ki-43을 출시했다. 생산 설계는 일본 육군 항공부대가 Ki-27의 후속 모델을 모색하라는 요청으로 1937년에 시작되었다.

나카지마 항공 회사는 새로운 항공기가 최대 속도 500km/h로 순항하고, 5분 안에 5,000m 고도까지 상승하며, 공중 기동성을 약화시키지 않고 800km를 비행할 수 있어야 한다는 모든 세부 사항을 준수해야 했다.

광둥 활주로의 나카지마 Ki-27 전투기

나카지마는 첫 번째 인도(引渡)에서 실패했다. 비행 검
사관이 1939년 1월에 시제기가 속도와 기동성에서 많
이 떨어진다고 판단함에 따라 테스트가 제대로 진행되
지 않았다. 이러한 단점을 극복하기 위해 나카지마는 항
공기 무게를 줄이고자 날개 구조를 어느 정도 조정했다.
그리고 파울러(Fowler) 날개로 기동성을 크게 개선하여
더 높은 고도에서 급선회가 가능하게 했다. 항공기에는
7.7mm 기관총 한 쌍이 장착되었는데, 이 무기는 1940년
대의 전투 계획을 충족시키기에는 충분하지 않았다.

Ki-27 전투기

나카지마 Ki-43 하야부사

사양(표준 발행 Ki-43)

탑승 인원	1명
길이(미터)	8.84
날개 길이(미터)	11.43
높이(미터)	3.28
날개 면적(제곱미터)	22.0
자체 중량(킬로그램)	1,580
최대 이륙중량(킬로그램)	2,584
엔진(형태; 마력)	1 나카지마 Ha-25; 950
최대 속도(km/h)	496
비행 범위(킬로미터)	1,200
최대 비행고도(미터)	11,700
고도 상승률(m/s)	20
무기류	2개의 89형 7.7mm 기관총

한커우[2]의 제59전대는 1941년 6월부터 Ki-43으로 비행한 최초의 부대가 되었다. 제64전대는 이어 1941년 8월에 Ki-43을 운용했다. 그리고 이 부대들은 말라야를 매우 빠르고 효율적으로 돌아다니며 버팔로와 말라야의 영연방 공군을 압도했다. 미쓰비시 A6M 제로와의 높은 유사성은 연합군 조종사들을 혼란스럽게 했다. 전쟁 후반 제로(Zeroes)와 Ki-43에 장갑판과 자체 밀봉 연

---

2 한구(漢口). 중국 동부 후베이(湖北)성의 옛 도시. 현재는 우한(武漢)의 일부다.

아나자와 도시오가 비행한 Ki-43 일라(IIIa). 1945년 4월 12일 가미카제 임무를 위해 250kg의 무기를 싣고 치란 활주로에서 이륙하였다.

료 탱크가 없다는 사실이 밝혀지기 전까지 그들의 명성은 얇은 보호막과 같은 약점을 감추고 있었다. 일본군은 Ki-43에 실을 적절한 무기를 선택하지 못하는 실수를 저질렀고, 이 전투기는 제2차 세계대전이 끝날 무렵에는 쓸모없게 되었다.

호커 허리케인(Hawker Hurricanes)

1934년 1월, 호커 항공사(Hawker Aircraft Ltd.)는 설계도 제출을 위해 영국 항공성과 협의했다. 그들은 F.7/30 사양을 제안했지만, 담당 부서의 큰 관심을 끌지 못했다. 엔지니어들은 기본으로 돌아가서, 롤스로이스(Rolls Royce) PV-12 엔진으로 비행할 수 있도록 전체 설계를 재구성했다. 마지막으로 엔진이 롤스로이스 멀린(Rolls Royce Merlin)으로 바뀌었고, 새로운 모습은 항공성으로부터 긍정적인 피드백을 받았다.

이듬해 1월에는 나무 모형에 대한 더 심층적인 조사를 위한 검토를 거쳤다. 그리고 항공성은 1935년 11월에 비행한 시제기에 필요한 모든 것을 조사했다. 허리케인은 이름 그대로 1937년 말에 취항하기 전까지 영국 공군의 가장 최신 항공기로 부상했다.

슈퍼마린 스피트파이어와 함께 허리케인은 독일이 영국 전투에서 루프트바페[3]를 풀어놓을 때 영국 영공을 방어하기 위해 돌아다녔다. 허리케인은 북아프리카와 지중해 전역에서 영국을 실망시키지 않았고, 루프트바페가 전투에 참전할 때까지 이탈리아 파시스트의 야망에 맞서 싸웠다.

1941년 12월 태평양 전쟁이 발발했을 때, 영국은 싱가

---

3 루프트바페(Luftwaffe)는 제2차 세계대전 당시 독일 국방군의 공중전 담당 부대이다. 공군을 가리키는 독일어 일반명사로 쓰이기도 한다. 2차대전 전반기인 1941년까지 루프트바페는 질적으로나 양적으로나 가히 최강의 부대였다.

1942년 2월 8일 싱가포르 전투 중 격추된 232편대 허리케인 MK.III

싱가포르 칼랑 공군기지에 있는 488비행대대 소속의 허리케인 IIc로 추정되는 전투기

사양

탑승 인원	1명
길이(미터)	9.82
날개 길이(미터)	12.19
높이(미터)	3.99
날개 면적(제곱미터)	23.9
자체 중량(킬로그램)	2,495
최대 이륙중량(킬로그램)	3,311
엔진(형태; 마력)	1 롤스로이스 멀린 25; 1,280
최대 속도(km/h)	550 (MK IIB 변종)
비행 범위(킬로미터)	772
최대 비행고도(미터)	11,125
고도 상승률(m/s)	14.1
무기류	8-12 브라우닝 7.7mm 기관총

포르로 24명의 훈련된 조종사를 태운 허리케인 마크 IIB 51대를 파견했다. 군 사령관들의 치열한 논의에서 영국 정부가 선의를 가지고 신중하게 결정을 내렸더라면 전쟁은 균형이 바뀌었을 것이다. 대신 허리케인은 1942년 1월 3일에 도착했고, 당시 일본은 이미 하늘에서 제공권 우위를 확보하고 있었다. 제151센가란(Senggaraan)부대는 48시간 안에 강력한 전투기를 조립하기 위해 두 배로 노력했다. 그리고 21대의 허리케인이 3일 이내에 참전했다.

하지만 마크 IIB 변형은 7.7mm 기관총 4정을 추가로 장착하여 각 항공기의 총 무장 수가 12개가 되었다. 이

화력은 비행기 선두 부분의 공기 필터와 잘 맞지 않아 너무 많은 저항을 일으켰고, 결국 항공기가 느려지고 기동성이 저하되었다. 조종사 선발에서도 또 다른 실수가 있었는데, 새로 도착한 조종사는 영국 공군 제232비행대에 투입되었다. 그리고 뉴질랜드 공군 제488비행대는 버팔로를 탔을 뿐 허리케인은 타지 않았다. 그래서 그들의 존재는 전쟁 과정에서 별 효과가 없었고 1942년 2월 10일 살아남은 비행대는 수마트라의 팔렘방으로 재빨리 귀환하였다.

HMS 프린스 오브 웨일즈

HMS 프린스 오브 웨일즈는 5개국 조약과 1930년 해군 군비 제한 및 감축 조약을 명확히 존중하여 건조된, 킹 조지 5세급에서 항해한 두 번째 함선이었다. 설계자는 35,000톤을 초과하지 않는 범위 내에서 주포 구경을 14인치 이하로 유지했다.

1937년에 건조가 시작되어 1941년 1월 19일에 취역했다. 원래는 에드워드 8세의 이름을 따서 명명될 예정이었으나 1937년에 그가 퇴위하면서 이 함선은 프린스 오브 웨일즈로 개명되었다. 대포 장착과 관련된 납품 문제로 인해 건조 기간이 비정상적으로 길어졌다고 한다. 1940

침몰 전 싱가포르에 있는 HMS 프린스 오브 웨일즈

년 8월 장비를 갖추는 동안 독일 항공기가 머리 위로 급
강하하여 이 지역을 폭격했지만 반쯤 완성된 군함을 6피
트 차이로 비켜갔다. 취역 4개월 후, 프린스 오브 웨일즈
는 독일 전함 비스마르크가 대서양으로 침입하는 것을
막는 작전에 뛰어들었다.

 1941년 8월, 프린스 오브 웨일즈는 캐나다 뉴펀들랜드
로 향하는 물길을 뚫었다. 배에는 윈스턴 처칠이 타고 있
었는데, 그는 프랭클린 D. 루스벨트와 비밀 회담을 하러
가기 위해 배에 올랐고, 그 회의는 1941년 8월 12일에 대
서양 헌장으로 귀결되었다.

HMS 프린스 오브 웨일즈

1941년 8월, HMS 프린스 오브 웨일즈에 탑승한 윈스턴 처칠이 미국 대통령 프랭클린 델라노 루스벨트를 만나기 위해 북미로 향하는 모습. 14인치 포대가 장착된 포탑이 보인다.

사양

배수량(톤수)	43,786(최대 적재)
길이(미터)	227.1
폭(미터)	31.4
보일러	8개의 해군성 증기 보일러, 파슨스 기어 터빈(110,000마력) 4세트
속도	28.3노트
작전 반경	15,600해리 @ 10노트
승선 인원	1,521명
감지기	1 × 279형 경고 레이더 1 × 284형 주무장 화기 통제 레이더 4 × 282형 대공 화기 통제 레이더 4 × 285형 대공 화기통제 레이더 1 × 271형 레이더
무장(武裝)	10 × 356mm 함포 16 × 133mm 겸용(dual-purpose)포 52 × 40mm 2파운드 대공포/자동포 7 × 20mm 대공포
철갑 두께(mm)	76-324
적재 항공기	최대 4대의 슈퍼마린 월러스 수상 비행기

그해 9월, 프린스 오브 웨일즈는 지중해의 지브롤터에서 몰타까지 호송대를 호위하는 임무를 맡았다. 이 배는 1941년 10월 스코틀랜드 스캐퍼 플로우로 돌아온 후 싱가포르로 향했다. 그리고 2개월 후, 프린스 오브 웨일즈는 순양함 HMS 리펄스와 함께 일본 항공기의 손에 최후를 맞이했다.

이 배는 지금 남중국해의 해저 68m 지점에 거꾸로 뒤

집힌 채로 가라앉아 있다. 이 난파선은 1986년부터 시행된 군사 유물 보호법에 따라 해당 지역에서 보존하도록 규정되었다. 전통에 따라 지나가는 영국 해군 함선은 일종의 존경을 표하며, 매년 프로펠러 샤프트에 묶인 부표의 줄에 영국 해군 군함기를 단다.

HMS 리펄스

리펄스함은 1915년 1월 25일에 기공하여 이듬해 8월 18일까지 취역하기 위해 만들어진 리나운(Renown)급 순양함이었다. 이 순양함은 자매함인 리나운함처럼 완성 후 가장 빠른 주력함의 속도인 32노트까지 속도를 낼 수 있었다.

이 순양함은 전작(前作)의 전투 경험을 바탕으로 제2차 세계대전에 참전했다. 1917년 11월 17일 헬리골란트만(Heligoland Bight)에서의 전투는 짧았지만, 그 후 이때의 경험을 바탕으로 보조 무기 시스템을 대공포와 장갑판으로 재장비하려는 현대화 시도가 있었다. 해군 훈련 외에도 리펄스함은 평화 시기에 작전과 국빈 방문에 참여했다. 에드워드 왕자는 1925년 남아프리카로의 여행을 위해 리펄스함에 탑승했다. 영국 정부는 1936년 스페인 내전 동안 500명의 난민을 수송하기 위해 리펄스함을 보냈

HMS 리펄스

15인치 포대가 장착된 HMS 리펄스 포탑

사양

배수량(톤수)	35,200(최대 적재)
길이(미터)	242.1
폭(미터)	27.4
보일러	42개의 증기 보일러, 브라운-커티스 기어 터빈 2세트(112,000마력)
속도	31.5노트
작전 반경	4,000해리 @ 18노트
승선 인원	1,181명
무장	9 × 381mm 함포 18 × 102mm 겸용포 16 × 40mm 2파운드 대공포/자동포 8 × 20mm 대공포 8 × 533mm 어뢰
철갑 두께(mm)	25-229
적재 항공기	최대 4대의 슈퍼마린 월러스 수상 비행기

다. 이 순양함은 1938년 아랍에 반란이 발생하였을 때 비상대기 상태로 작전을 수행했고, 다음 해에는 조지 5세를 캐나다로 운송했다.

영국 해군은 리펄스함에 제2차 세계대전 동안 호송대를 호위하고 북해와 대서양에서 독일 함선을 추적하는 임무를 부여하였다. 1941년 8월, 리펄스함은 남아프리카 해역을 돌며 작전을 수행하기 위해 극동 사령부로 향했다. 3개월 후에는 일본의 침략에 대응하여 싱가포르로 향하는 제트 함대에 합류하기 위해 프린스 오브 웨일즈함과 함께 실론으로 보내졌다.

제트 함대 합류는 결과적으로 비참한 시도였고, 소속 함선들은 1941년 12월 10일에 침몰되었다. 테닌트 선장은 장교들의 간청으로 살아남았다. 그리고 리펄스함은 지나가는 영국 해군 함선에서 존경을 표하기 위해 표시된 보존 구역의 56m 아래로 침몰했다.

97형 치하(Chi-Ha) 전차(九七式中戰車)

이 중형 전차의 생산은 1937년에 시작되어 89형 전차의 후속 전차 역할을 맡았다. 일본은 '추센샤(중형 전차, 中型電車)'에서 이름을 따서 '치'로 줄였고, 일본어 문자 순서 '이로하'에서 세 번째 글자를 따서 '하'를 넣었다. 치하에는 기존 설계가 적용되었고, 표준 엔진이 뒤쪽에 있어 전차 중간과 맨 앞 구역에 4명의 승무원이 작업할 수 있는 공간이 있었다.

물론 지휘관은 무전수가 장전한 주포를 조종했고, 기관총수는 큐폴라(둥근 지붕)의 포탑 위에 위치했다. 그리고 이 '전쟁 괴물'을 조종하는 것은 운전병이었다. 모두가 25mm 두께의 장갑판 안에 안전하게 들어가 있었다. 주요 무장은 짧은 탄창이 달린 57mm 전차포로, 낮은 총구 속도는 97식 7.7mm 기관총 2문과 함께 보병을 지원

97형 치하 전차가 야자수 옆을 지나가는 모습

싱가포르에 진입한 97형 치하 전차

사양

중량(톤)	15.8
길이(미터)	5.5
폭(미터)	2.33
높이(미터)	2.21
엔진	미쓰비시 SA12200VD V-12 공랭 디젤(170마력)
작전 반경(km)	210
속도(km/h)	38
철갑 두께(mm)	8-25
무장	1 × 57mm 2 × 7.7mm

하는 데 가장 적합했다. 적 전차와의 전투를 위해 제작된 것은 아니었다.

미쓰비시 중공업은 지름길을 택하지 않았다. 디젤 엔진이 각 중형 전차를 동남아시아에서 완벽하게 작전하도록 가동시켰고, 말라야에서는 적 전차가 나타나지 않아 일대일 전투를 벌였다. 유일한 도전은 필리핀의 경전차였고, 이는 그 유명한 위력에 대한 작은 시험일 뿐이었다.

95형 하고(Ha-Go) 전차(九五式軽戦車 ハ号)

1933년, 일본 육군 기술국은 무게 7톤의 보병 지원 전차를 제작할 것을 제안했다. 유럽의 전쟁터를 살펴본 후, 특정 전차 시제기가 1934년과 1935년 사이 겨울 동안 만주에서 테스트되었다. 95형으로 알려진 이 시제기는 강조된 모든 기준을 충족했다.

보병은 장갑판에 대해 다른 의견을 내놓았는데, 장갑판이 너무 얇다고 생각했다. 하지만 기병은 장갑판과 관련된 문제에 비해 속도와 무장이 상당히 유리하다는 점을 강조했다. 보병은 장갑차와 같은 대안을 알고 있었기 때문에 이 주장에 동의했다. 미쓰비시 중공업은 1936년부터 45km/h 가속도에 적합한 디젤 엔진을 탑재한 95형 경전차를 대량 생산했다.

이 경전차에는 운전병과 차체 포수, 지휘관까지 총 3명의 병사가 탔고, 지휘관은 전차 포수와 장전수를 겸임했다. 지휘관은 또한 포탑 기관총을 책임져야 했다. 주요 무장은 98식 37mm 전차포였다. 전차 내부에 석면 패드가 있어 태양열을 막고 험한 지형에서 승무원을 보호했다.

97형과 마찬가지로 이 95형 전차는 중국에서 전투를 시작했으며 적수가 없었다. 영국군에 맞서 태평양 전쟁에 다시 한번 참전했다. 사실, 95형 전차는 특히 지트라와 슬림강 전투에서 기동성 면에서 중요한 역할을 했다. 그러나 필리핀에서 95형 전차 승무원은 마침내 압박감을 느끼기 시작했다. 필리핀에는 미국 M3 스튜어트 전차가 더 두꺼운 장갑판을 갖추고 기다리고 있었다. 경험과

95형 하고 전차

무아르 전투 중 2파운드 포의 포격을 받은 95형 하고 전차의 잔해

사양

중량(톤)	7.4
길이(미터)	4.38
폭(미터)	2.06
높이(미터)	2.13
엔진	공랭식 6기통 미쓰비시 A6120VDe(120마력)
작전 반경(Km)	209
속도(km/h)	45
철갑 두께(mm)	6-16
무장	1 × 37mm 2 × 7.7mm

훈련이 다시 한번 약점을 보완했다. 하지만 전쟁 중반이 되자 95형 전차의 잔해가 전쟁터에 널리게 되었다. 연합군과 일본군은 뒤에서 브라우닝 M2를 빠르게 발사하면 이 경전차가 쉽게 손상된다는 것을 알게 되었다.

QF 2파운드 포

QF[4] 2파운드 포는 제2차 세계대전이 일어나기 1년 전인 1938년에 실전에 투입되었다. 전쟁 초기에 2파운드 포는 전술적 우위를 제공하는 360도 회전 능력으로 유명

---

4 Quick Fire. 속사를 의미한다.

바크리의 무아르-파릿 술롱 도로를 따라 있는 제8호주사단 제4대전차연대의 2파운드 포. 뒤로 95형 하고의 잔해가 보인다.

한 영국의 주요 대전차포였다. 비커스(Vickers)사에서 장갑 관통탄을 특별히 사용하여 설계했다. 단발로 500야드 거리에서 37mm 두께의 장갑을 관통할 수 있었다. 독일 전차는 1940년 6월에 처음으로 2파운드 포에 맞섰다. 영국의 이 포에 대한 과도한 의존은 시간이 지나면서 독일군이 더 두꺼운 장갑판으로 2파운드 포를 우회하면서 스스로의 몰락으로 이어졌다.

어쩌면 희망적인 점은, 2파운드 포는 바크리 전투에서 볼 수 있듯이 일본군의 경전차에 대응해 적극적으로 사

용되었다는 것이다. 사실, 고폭탄은 95형 전차를 파괴할
수 있어야 한다. 그래서 2파운드 포는 전쟁 초기에 영국
전차의 주포로 채택되었다.

1942년 9월 3일 스코틀랜드 제52정찰연대의 2파운드 대전차포

번역 후기

일본 제국주의자들은 1905년 11월 을사늑약을 통해 대한제국의 외교권을 박탈하고 정한론(征韓論)이 대두된 1860년대 이후 차근차근 밟아온 한반도의 보호국화를 1910년 8월 한일 강제병합을 통해 완성하였다. 이후 한반도를 만주와 중국 진출을 위한 교두보로 삼았으며, 급기야 1940년 6월 대동아공영권을 주창하면서 그들의 제국주의적 야욕을 인도차이나 등 동남아권으로 확대하였다.

『일본군과 영국군의 1941 말라야 전쟁』은 일본 제국군이 군수산업에 필요한 석유, 가스, 천연고무 등을 얻기 위해 1940년 프랑스령 인도차이나를 점령한 이후 영국의 식민지였던 말라야 반도를 1941년 침공한 내용을 상세히 기록하고 있다. 당시 말라야는 세계 고무 공급의 40%를 차지하였고, 세계 주석(朱錫) 시장을 지배하고 있었다. 저자는 근대 영국군과 일본 제국군의 탄생에 대한 설명에서부터 양국 사령관들과 군 간부들의 특징과 자질, 성향 등을 분석하였고, 8개 이상의 큰 전투를 통해 일본이 승리할 수밖에 없었던 이유를 군사학적 측면에서 잘 서술하였다.

일본은 무작정 동남아로 진출한 것이 아니다. 그들은 수년간의 전략 연구와 현지상황 분석, 작전 시 사용할 무기와 이동수단 등을 면면히 분석한 다음에 전쟁을 일으켰다. 본문에 소개된 내용의 일부를 살펴보면 일본 제국군 본영(本營)은 1941년 초 중국에서 40만 명의 일본 원정군의 일원으로 복무했던 츠지 마사노부 대령에게 과거 남진론(南進論)을 통해 일본이 10여 년간 축적한 동남아에 대한 정보를 기초로 하여 말레이 반도와 네덜란드령 동인도를 점령하는 계획을 세울 것을 지시하였다. 이에 츠지 대령은 상륙작전을 위한 시뮬레이션과 무너진 다리와 도로 건설, 육해공 다단계 합동훈련 등에 관한 70페이지 분량의 작전보고서를 완성하였다. 이 보고서는 열대 지방에서의 작전에 관한 완벽한 지침서로서 위생과 질병 예방 등에 관한 광범위한 내용을 포함하였다.

반면 영국군은 인도, 호주, 뉴질랜드, 말레이 연합주 군대로 구성되었는데, 열대 지방에서의 전쟁 경험이 없는 군인들이 대부분이었다. 또한 항공기 등 무기 성능도 일본에 비해 열세였으며, 영국 본토 정부는 독일과 유럽 전역(戰域)에서 전투를 치르기에 급급하였다. 또한 1919년부터 28년 동안 영국 정부는 아시아의 영국 식민지에 대한 일본의 위협에 대응하기 위해 수립한「싱가포르 전략」에 메여 있었다. 처칠 수상은 미국과 일본 사이에 전쟁이 발발할 경우 미국이 태평양 함대를 싱가포르에 파견할 것이라는 낙관적인 지정학적 가정을 하였다.

일본군은 무기체계의 우위, 전략상의 우위를 통해 말라야 반도를 쉽게 차지하였다. 이러한 내용에 대해서 들어본 국내 독자들은 많지 않을 것이다. 을사보호 조약 120년을 맞이하는 올해 을사년(乙巳年), 제2차 세계대전 당시 태평양 전쟁에만 매몰되어 있던 우리의 시야를 확장해 멀리 동남아에서 일어났던 전쟁에 대해 한번 알아보는 것도 의미 있다고 생각한다.

일찍이 윈스턴 처칠 수상은 "역사를 잊은 민족에게는 미래가 없다"라는 말을 했다. 앞으로는 다시 과거와 같은 쓰라린 역사의 전철을 밟지 않기를 바라며『일본군과 영국군의 1941 말라야 전쟁』을 관련 전문가와 일반 애독자들에게 선보인다.

번역자 정상천

참고문헌

Orr, R. M. (2010). The History of the Soldier's Load. *Australian Army Journal. (7)*2, 67–88.

Yenne, B. (2014). *The Imperial Japanese Army: The Invincible Years 1941–42*. Oxford, UK: Osprey Publishing.

National Geographic. *Generals at War: The Battle of Singapore*. Retrieved from https://www.natgeotv.com/za/shows/natgeo/generals-at-war

Lippman, D. H. The Fall of Malaya: Japanese Blitzkrieg on Singapore. *Warfare History Network*. Retrieved 29 January 2019 from warfarehistorynetwork.com/2019/01/28/the-fall-of-malaya-japanese-blitzkrieg-on-singapore/

Stewart, A. (1987). *The Underrated Enemy: Britain's War with Japan, December 1941–May 1942*. William Kimber.

Percival, A. E. (1971). *The War in Malaya*. New Delhi: Sagar Publications.

Grehan, J., & Mace, M. (2015). *Disaster in the Far East 1940–1942: the Defence of Malaya, Japanese Capture of Hong Kong, and the Fall of Singapore*. England, UK: Pen & Sword Military.

Stille, M. (2016). *Malaya and Singapore 1941–42: The Fall of Britain's Empire in the East*. Oxford, UK: Osprey Publishing.

Rottman, G. L. (2005). *Japanese Infantryman 1937–45: Sword of the Empire*. Oxford, UK: Osprey Publishing.

Alan, J. (2003). *British Infantryman in the Far East, 1941–1945*. Oxford, UK: Osprey Publishing.

UPI Archives. (1993, January 13). Australian Premier Blames British Policy for Singapore Loss. *United Press International*. Retrieved from www.upi.com/Archives/1993/01/13/Australian-premier-blames-British-policy-for-Singapore-loss/5858726901200/

Hack, K., & Blackburn, K. (2003). *Did Singapore Have to Fall?: Churchill and the Impregnable Fortress*. Routledge.